絵で見て不思議！

鬼ともののけの文化史

笹間良彦　著

遊子館歴史選書 2

まえがき

わたくしたちの祖先は、天変地異《てんぺんちい》の災害や怪奇現象、疫病など説明のつかない災《わざわ》いがあると、神々や鬼、妖怪などの超自然的存在がもたらすものと考えてきた。現代のように科学的にそれらの現象を説明ができないのであるから、その考えはだれもが納得のできる自然なものだったといえよう。古代の支配者の多くが神意を伺《うかが》い伝える巫女《みこ》的存在であったことも、そのことを示している。巫女的存在は、神の住む天の国と死後の黄泉《よみ》の国に通じ、地上のこの世の有り得べき行動を神意として民衆に伝えたのである。そして、仏教思想の伝来は、日本古代の神々の世界観と習合しながら、極楽、地獄が、目には見えないが、現世同様に実在する世界であることを決定づけたといえよう。

仏教思想は、権力者にとっても、政治を行い、民意を安定させる上で、好都合であったといえる。仏教思想のもつ世界観やそれに基づく生活上の規範は、国造りと社会生活の秩序をもたらしたからである。人々は、怨みをもって死んだ人の霊魂は地獄へ行って鬼となると信じ、現世で悪業《あくごう》をなした者は鬼によって地獄に連れていかれ、閻魔《えんま》大王の審判を受け、牛頭《ごず》鬼や馬頭《めず》鬼など獄卒《ごくそつ》の鬼たちに無限地獄の苦しみを加えられると心の底から怖れたのである。

この鬼たちは墓場などを通路にして、地獄と現世を行き来できる者とされ、『今昔物語集』

や『日本霊異記』などには、鬼におののく人々の説話が数多く登場する。それらの説話は実話譚として語られているだけに、その怪奇なストーリーも、死に至る危険な要素が多かった往時のことに想像を及ぼすと、ある種、真に迫る迫力がある。

　鬼はまた、権力者たちによって巧みに利用もされてきた。『日本書紀』では、蝦夷《えみし》や熊襲《くまそ》、隼人《はやひと》など服従を拒む辺境の勢力は鬼と呼ばれて卑《いや》しめられ、摂関家の支配する平安時代でも政権に敵対する勢力は、あるときは鬼の仕業として暗殺され、鬼として都の外に追いやられた。本書に収録した説話も、その背後に権力から排斥《はいせき》された者の影というか、無念の怨讐《えんしゅう》が見え隠れして現れてくる。さらには、仏教との勢力争いに敗れた日本古来の神々たちも、鬼に追われ、土俗神的存在に卑小《ひしょう》化していく様子も見えてくる。

　平安末期から以降の動乱の世になると、中国の陰陽道《おんようどう》思想との習合により、鬼は百鬼夜《ひゃっきや》行《ぎょう》へと分裂し増殖をしていく。中国の『論衡』（後漢の王充撰）「訂鬼篇」にある「鬼者老物之精也《きはろうぶつのせいなり》…」の記述のように、年劫《ねんごう》を経て老いたるものの精がついに不思議な霊力をもって鬼霊となる鬼界が現出し、鬼と物《もの》の怪《け》が混然となって、闇の世界を跳梁《ちょうりょう》するのである。この鬼の世界の規制緩和ともいうべき拡充は、女性の鬼の登場となっても現れ、平安から室町期の抑圧された女性たちをテーマにした『謡曲』には、愛執と妄執ゆえに生きながら鬼となった女性（鬼女）たちが鬼気迫る様相で描かれている。これはまさに純粋な鬼の概念からすれば、希薄化である。現世に対する鬼の超越的な恐ろしさは、薄まりつつ人間に近づいて行き、物語化した存在となって行ったといってよい。とくに鬼女の登場については、馬場あき子氏の『鬼の研究』に示唆を受けた。

そして、江戸の泰平の時代になると、幕府の絶対的な権力の確立で、反権力の勢力の象徴としての鬼の要素もなくなり、幕府による寺院の統制化もあって、鬼は「もののけ」たちの一員として、読本《よみほん》の世界に異形の役者として登場するほどにまで、その存在力を減衰《げんすい》させていくのである。

では、現代に「鬼」の復権はあるのか。その鍵は唐突であるが「想像力」の復権によってのみ可能であると考える。なぜなら鬼は日本人の想像力の産物だからである。民話や説話などの豊かな伝承譚の世界も想像力の生みだしたものである。わたくしたちが過去の歴史を知ることも、遺物や文献資料をもとにしながらも、往時の人々の精神生活への親しみを込めた想像力によって確かなものとなるといえる。その意味で「鬼」は日本人の基層文化の象徴ともいえるものであり、この「鬼とものけたちの説話」は、子どもたちに伝えていくべき歴史の宝といえるのではないだろうか。

末尾ながら、資料のご提供者、ならびに膨大になってしまった拙稿を、簡潔に要約して編曲ともいうべき手腕で見事な編集をほどこしてくれた瓜坊進氏に感謝を申し上げげたい。

二〇〇五年九月

龍山泊　笹間良彦

絵で見て不思議！
鬼とものの文化史

目　次

動乱期の鬼

目　次

Ⅱ　もののけの文化史

擬人的もののけ

目　次

図版一覧

＊本書収録の図名を略記。数字はページを示す。

■鬼の文化史

■もののけの文化史

凡例

一、本書は、Ⅰ鬼の文化史、Ⅱもののけの文化史の二章とし、Ⅰ鬼の文化史は時代順の構成としたが、収録説話は必ずしも時代と対応していない。『今昔物語集』など多くの史料が過去の時代の説話を収録しているため、説話のテーマにより適宜それぞれの時代に収めたためである。ご了承をいただきたい。

二、収録した図像資料の内、著者が描き起こしたものには、図キャプションの末尾に（＊）を付した。

三、用字用語は、漢字は新字体と正字体、送り仮名は現代仮名表記を原則とした。また、小学校から高校まで、歴史教育、郷土教育現場での幅広い利用の便を考え、用語にはなるべくフリガナを付した。

I　鬼の文化史

1　鬼学ことはじめ

鬼の国へようこそ — 鬼の語源と図像イメージ

まずは、左に日本人が一般に想像する鬼のイメージを図に示してみた。読者の皆さんが想像する鬼のイメージに近いであろうか。身の丈は八尺（約二四二センチ）以上。筋骨隆々で、全身は毛むくじゃら。頭髪は縮れ毛で、頭に二本か一本の角を生やし、大きな鼻をもち、二つ目か一つ目で眼光は鋭い。大きな口には二本の鋭い牙がある。腰には虎の皮の衣をまとい、手には大きな鉄の棍棒を持っている。

この鬼は人間の味方なのか敵なのか。ともあれ妙に実在感があり、親しみさえ感じてしまう。鬼の正体は何なのか。どのような歴史があるのだろうか。人間が生み出した鬼というこの架空の実在を考察しよう。

古代中国では、風葬といって、死者を野辺に晒《さら》し、肉を腐らせて白骨化させ、その頭蓋骨を祀った。死者は白骨の意から「魄《はく》」（魂の器であり、魂の象徴でもあるの意）となり、その魂魄《こんぱく》が神としての鬼になると考えたようである。「鬼」の文字は、大きな頭をして足もとの定かでない亡霊の象形であり、鬼の上の旁《つくり》の原字「由《ゆう》」は字音から「幽《ゆう》」（ほのかでよ

日本人が想像する一般的な鬼の図（＊）

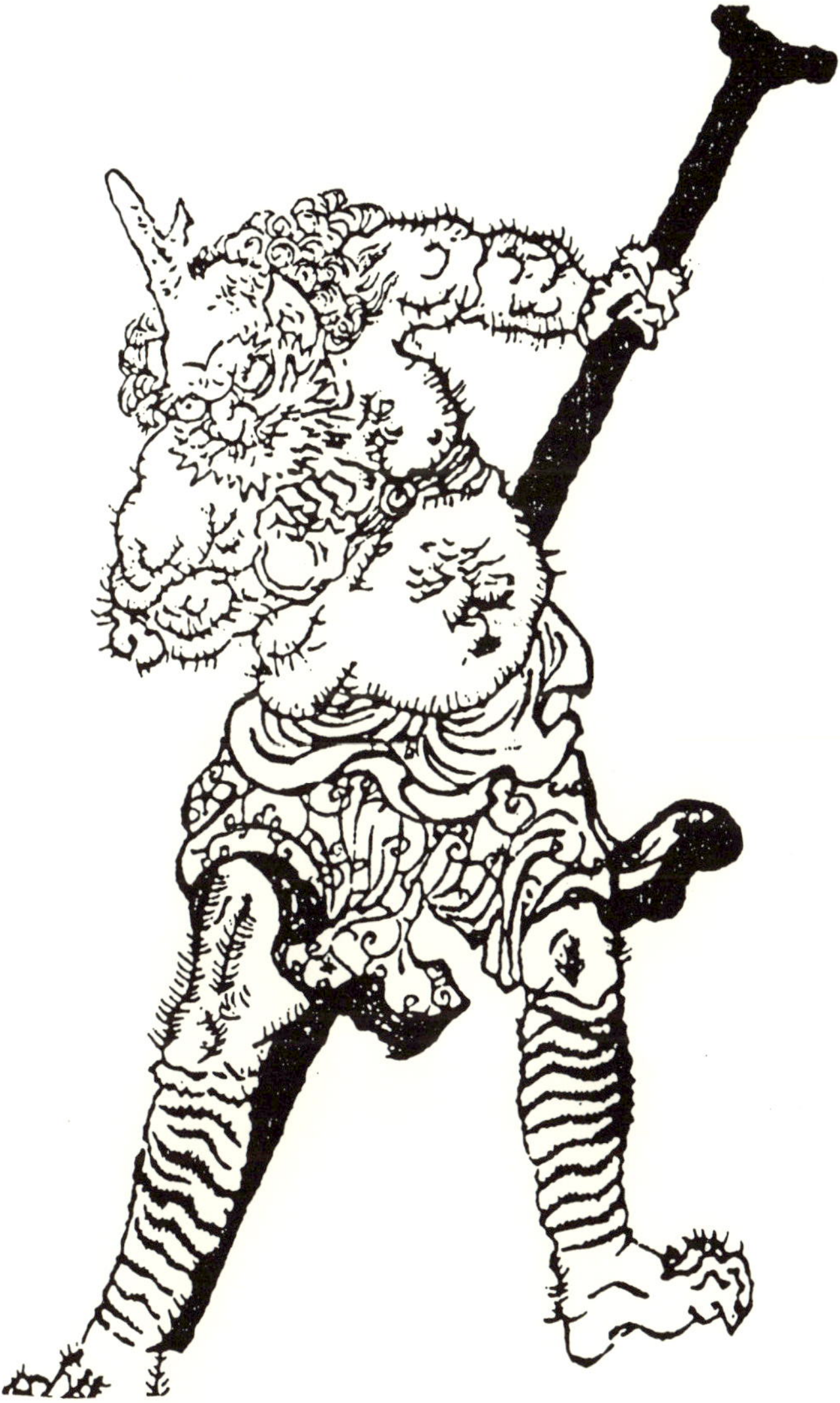

式亭三馬『敵討宿六始』に描かれた鬼。歌川豊国画

く見えない、死者の世界）にもつながる。左図に中国古代文字の鬼の変遷を示したが、金文に見るように「鬼」は死者が魌頭《きとう》（おおきな鬼の面）を被って神の座にいる象形となっている。今日でも人が死ぬことを意味する「鬼籍に入る」「鬼籍簿に書く」などという言葉が残っている。

　このように古代中国の人々は死者を鬼神として現世から封印するように丁重に葬ったが、それでも死者から恨みをもたれる人々は、現世に怨念を残した死者の怨霊が復讐にくるということを信じて、恐れたのである。中国の『論衡《ろんこう》』（後漢の王充撰）「訂鬼篇」には「鬼者老物之精也《きはろうぶつのせいなり》…」とあり、年劫を経て老いたるものの精がついに不思議な霊力をもって鬼霊になるとある。怨みが凝縮してついに巨大なエネルギーをもつブラックホール化するということであろうか。『述異記』では、鬼が龍首牛耳の怪物となって現れたり、『捜神記』では、魍魎と化した鬼が人間を苦しめている。ついには人を害するものは鬼の仕業とされたのである。

　これらの復讐鬼は、仏教思想と習合して、具体的な造形となって、仏教文化と共に日本にも流入してくる。仏教思想との習合で、鬼は冥界の恐ろしい異形となり、悪業を犯した者を懲らしめる地獄の鬼のイメージに定着していったのである。そして鬼は冥界と人間界とつなぐ擬人的妖怪としてさまざまな形で登場する。

　日本最初の漢和辞書である『倭名類聚鈔《わみょうるいじゅうしょう》』（承平年間〈九三一～三八〉）を注釈した狩谷棭斎《かりやえきさい》の『箋注倭名類聚鈔』（巻一・人神部）には、「於迩者隠音之訛也《おにはおんのおんのなまりなり》　鬼物隠而不レ欲レ顕レ形《きぶつかくれてかたちをあらわすをほっせず》…唐韻曰呉人曰レ鬼《とういんにいわくごじんきという》」とあり、鬼はこの世から隠れたものであるから「隠《おん》」といい、「鬼《おに》」「鬼《き》」の語源であるとしている。中国最古の部首別字書『説文解字』によれば「隠《おん》」の字は、「山が聳《そび》えて見えない」の意であり、山を死者の葬られ

死者の怨念が霊力をもった鬼を生む。（＊）

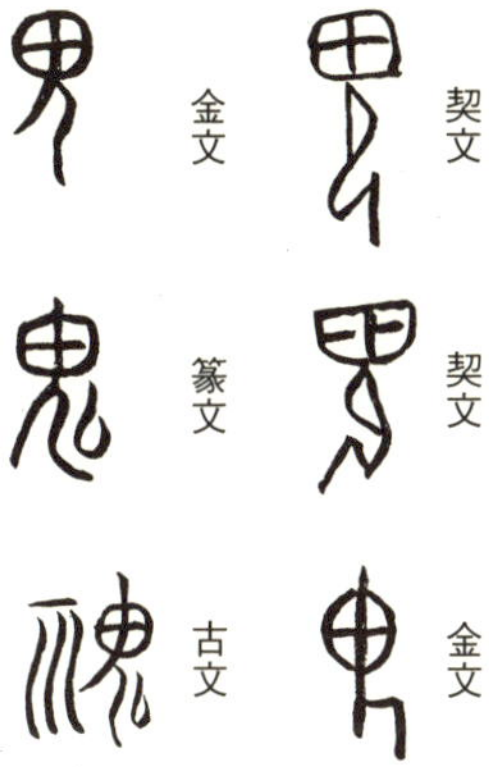

「鬼」の古代文字

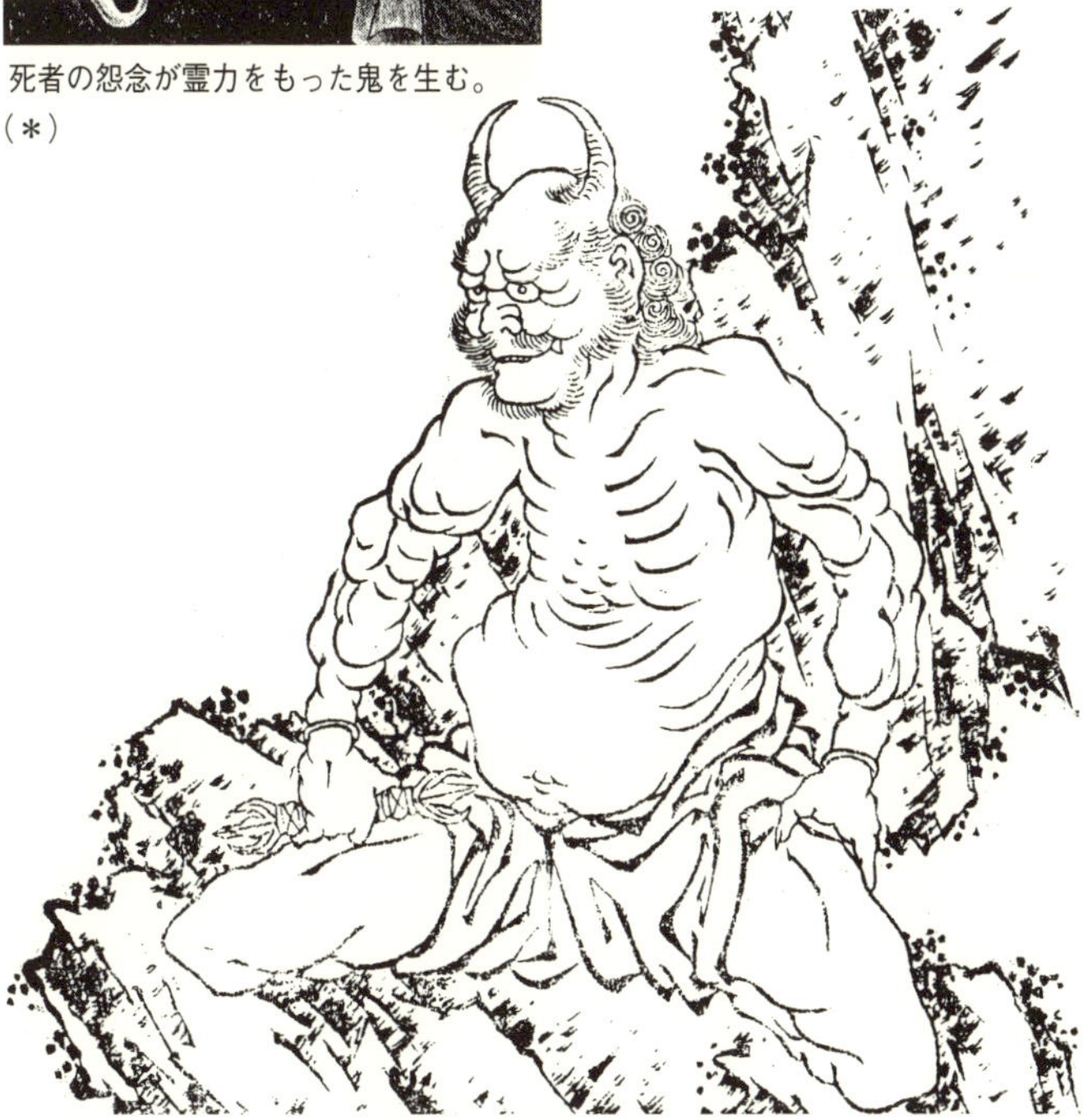

北斎が描く鬼神『北斎漫画』

た古代墳丘と想像を巡らせれば、山は「隠《おん》の国《くに》」であり、「隠の国＝墳丘」は現世の人々には見えない死者たちの黄泉《よみ》の国《くに》であり、隠《おん》の国＝鬼《おに》の国の図式も語源の一つの根拠となるかも知れない。今日でも死者を尊敬語で表現するときに「お隠れになった」といい、これも隠の国（＝黄泉の国）に旅立つ意味に使われている。

このように鬼は人を襲ったり、食べたりする、人間界を脅かす冥界の邪神・妖怪として日本に伝わったわけである。しかし、今日我々が一般的にイメージする鬼の具体的造形としては、中国に見るべきものは少ないようである。鬼の造形は、遠くインドに源を発するが、中国では鬼門の「門神」が鬼に近い造形のようである。『三教源流捜神大全』に「神荼《しんと》」と「鬱壘《うつりつ》」の二神が描かれている。瀧本弘之編著『中国歴史人物大図典〈神話・伝説編〉』によれば、「東海の度朔《どさく》山に桃の大樹があり、そこの鬼門で悪鬼を捕らえて虎に食わせるという二神。兄弟の神という。山海経の佚文《いつぶん》に記される。のちに〈門神〉として画像が描かれ、門に貼られた」とある。地獄の獄卒《ごくそつ》的な役割の鬼神と解釈しても良いかも知れない。髪の形が鬼の角のようにもうかがわれる。一方、中国の古典である『山海経《せんがいきょう》』には、さまざまな人に似た妖怪が登場するが、それはあくまでも妖怪であって、仏教思想における地獄の獄卒としての「鬼」には似ていない。今日我々が目にする鬼の造形は、日本で独自に創造された要素がかなり強いといえるようである。

地獄の獄卒としての鬼は、浄土宗の布教により広く社会に流布したといえる。平安時代中期、九八五年（寛和二）に天台宗の僧の源信が著した『往生要集』は、浄土宗の教えを平易に説いたものであるが、そこには、極楽浄土の楽園の図が描かれ、その対極として罪人が死後に落ちる恐ろしい八大地獄の様相が具体的

『三教源流捜神大全』に描かれた鬼門の門神の「神荼（しんと）」と「鬱壘（うつりつ）」の二神。地獄の獄卒ともいうべき鬼神である。

いう。仏法布教のための最も効果的な地獄巡りの絵図であった。往生要集では、等活地獄、黒縄《こくじょう》地獄、衆合《しゅごう》地獄、叫喚《きょうかん》地獄、大叫喚地獄、焦熱《しょうねつ》地獄、大焦熱地獄、阿鼻《あび》（無間《むけん》）地獄の八大地獄が表されている。このような具体的な絵図により、鬼のイメージは人々の中に定着していった。

江戸時代の版本『往生要集』(源信の著を絵解きしたもの)に描かれた八大地獄の第一の等活《とうかつ》地獄《じごく》図の中の獄卒の鬼たち。獄卒の鬼が鉄棒で罪人を打ち砕き、鋭利な刃物で切り刻む。さらには大釜に投げ込んで釜ゆでにする。等活とは「生き返る」という意味で、罪人は蘇生してふたたび同じ恐ろしい責苦にあい続けると

う。上図には、獄卒の鬼によって鉄棒で下半身から頭部を貫かれた罪人が、燃え盛る火焔の中に放り込まれる様子が描かれている。さらには、獄卒の鬼によってふたたび釜ゆでにされるという。このように鬼は、当時の人々にとっては、恐ろしい存在であった。

『往生要集』に描かれた八大地獄の第六の焦熱《しょうねつ》地獄《じごく》図の中の獄卒《ごくそつ》の鬼たち。地獄に堕ちた罪人は閻魔王の裁きを受け、八大地獄を巡り、はかり知れない責め苦を受ける。焦熱地獄には、火焔が燃えあがっており、獄卒の鬼たちが罪人をその火の中に投げ入れる。火焔のはげしさは、その罪人の犯した悪業の強さによるとい

に描かれている。等活《とうかつ》地獄、黒縄《こくじょう》地獄、衆合《しゅごう》地獄、叫喚《きょうかん》地獄、大叫喚地獄、焦熱《しょうねつ》地獄、大焦熱地獄、阿鼻《あび》（無間《むけん》）地獄の八大地獄の地獄巡りの絵図が添えられ、地獄に落ちた罪人の想像を絶する恐怖の世界が展開されている。仏法布教のための最も効果的な地獄巡りの絵図といえる。このような極楽浄土と恐ろしい地獄の様相を示した具体的な絵図により、鬼のイメージは人々の中に定着していった。

さて、日本の古代の政権でも、朝廷に反抗する勢力を鬼に見立てて表現をした。『日本書紀』「景行天皇」の項には「亦《また》山に邪《あ》しき神有り、郊《のら》に姦《かだま》しき鬼有り」、「神代記（下）」では「誰《たれ》か復敢《またあ》へて順《まつろ》はぬ者有《あ》らむ…二の神、諸《もろもろ》の順《まつろ》はぬ鬼神《かみたち》等を誅《つみな》ひ」とあり、大和朝廷に服従をしない勢力を「邪神《あしきかみ》」や「姦鬼《かしましきおに》」と悪名を付けて表現した。これらの勢力は「熊襲《くまそ》」「隼人《はやひと》」「土蜘蛛《つちぐも》」「蝦夷《えみし》」などとも蔑称され、かつ「鬼」と呼ばれたのである。しかし「鬼《おに》」の和訓が定着したのは、平安末期ころで、それまでは「おに」の他に「かみ」「もの」「しこ」などと訓読みしている。

一方、鬼は人間よりはるかに強く威力のある怪物としてのイメージをもっていたので、強いものの形容として「鬼武者」「鬼才」「鬼神のごとき働き」などの肯定的な表現にも多く使われている。それだけ、私たちの生活に身近な存在であるともいえる。

大和朝廷は抵抗勢力を姦鬼《かしましきおに》と呼んだ。（＊）

御伽草子『御曹司島渡』の鬼

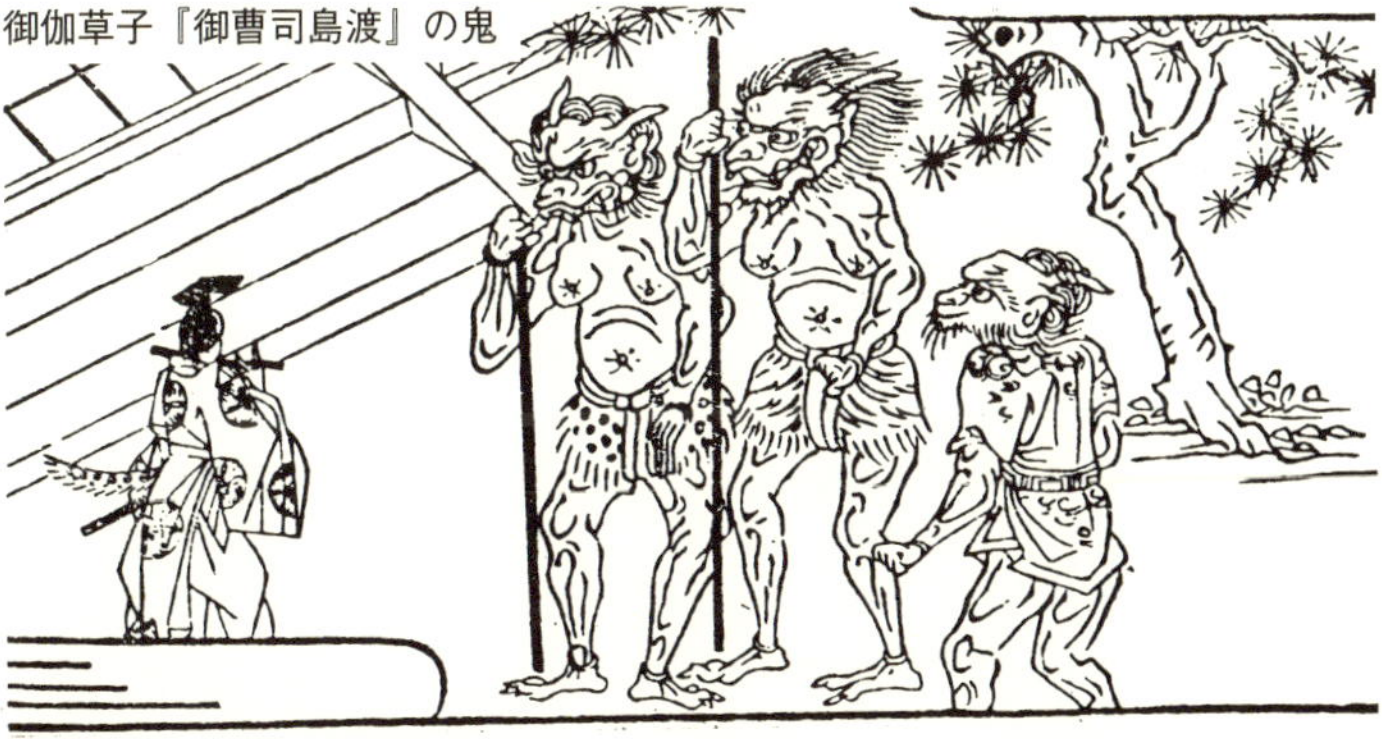

御伽草子『御曹司島渡』の鬼

御伽草子『酒呑童子』の鬼

鬼の容貌《ようぼう》の根拠は、また鬼は何色なのか？

私たちがイメージし、絵巻物などで見る鬼の特徴は、頭に牛のような角を生やし、大きな鼻をもち、大きな口には二本の虎のような鋭い牙を持ち、腰には虎の皮の衣をまとっているが、この容貌は鬼が住むところは鬼門にあたり、その方角が北東であり、それが十二支の丑寅（牛・虎）の方角であることによるというのが現在の定説になっている。そのため、十二支をもとに鬼の容貌と服装が描かれたようである。

さて、問題は鬼の色である。青鬼、赤鬼などの色を付けた鬼の呼び名があるが、鬼はいったい何色なのだろうか。説話に見られる鬼の表現から、鬼と色との関係について考えてみよう。

『源平盛衰記』（巻二十六）「入道得病付平家可亡夢の事」の条には、次のように記されている。

入道明日病つき給はんとての夜、其内の女房の夢に見けるは、立ふぢ打たる八葉の車に、炎夥しく燃上中に、無と云字只一つ書たる鉄の札あり。青鬼と赤鬼の先に立て、彼車を福原の入道（平清盛）の宿所の東の門に引入たり。女房の夢の心地に、あれはいつとこより、何事に来れる者ぞと問へば、鬼答へて云、我等は閻魔大王の御使に獄卒と云者也

とあり、青鬼、赤鬼の記述がある。これは、この時代の前の、後白河院（一一二七〜九二年）の時代の、六道絵の一つである『地獄草紙』に、青鬼と赤鬼がそれぞれの色彩で描かれており、その図像の影響が色濃く反映していると思われる。いずれにせよ、青と赤が鬼の色の代表であるといえる。では、なぜ青と赤なの

かが問題である。次に『宇治拾遺物語』（一二三四）「日蔵上人吉野山にて鬼にあふ事」に、

昔、吉野山の日蔵の君、吉野の奥におこなひありき給《たまひ》けるに、たけ七尺斗《ばかり》の鬼、身の色は紺青《こんじやう》の色にて、髪は火のごとくに赤く、くび細く、むね骨は、ことにさしいでて、いらめき、腹ふくれて、脛《はぎ》は細く有けるが、此おこなひ人にあひて、手をつかねて、なくこと限なし。

とある。このことから推察すると、地獄のイメージは業火に燃える炎であることから、炎→赤色ということはいえるようである。鬼は上半身が裸であるから、火焔で体が黒く焼け、それが青みを帯びてくるということも考えられる。

また、『古今著聞集』（五九九）「承安元年七月伊豆国奥島に鬼の船着く事」に、

承安元年七月八日、伊豆国奥島の浜に、船一艘つきたりけり。…鬼は物いふことなし。其《その》かたち身は八九尺ばかりにて、髪は夜叉のごとし。身の色赤黒にて、眼まろくして猿の目のごとし。皆はだか也。身に毛おいず、蒲《かま》をくみて腰にまきたり。…島人のなかに、弓矢もちたるありけり。鬼こひけり。島人おしみければ、鬼時をつくりて、杖をもちて、まづ弓もちたるをうちころしつ。

とある。この記述からは、異国人の難破船が漂着して、かれらが食料欲しさに強奪、殺人をした様子が見とれる。このことから、往時は大陸や南方よりの難破船が漂流したと思われる。かれらは赤毛の髪をしたものも多くいたであろうし、言葉も通じなかったであろうから、漂着地の住民が鬼と怖れたことは十分うかがわれる。決定的な証拠はないが、鬼の色の定着には、以上のような背景があったと思われる。

鬼はインドからやってきた

江戸の漢学者谷川士清編の国語辞典『和訓栞《わくんのしおり》』（九十三巻）には「梵書夜叉神羅刹鬼是也《ぼんしょやしゃしんらせつきこれなり》…其人豕牙《そのひとゐのこきば》翹出《ぎょうしゅつ》　頭有肉角数寸云々《あたまににくかくあることすうすんうんぬん》」とあり、これからも漢訳されたインドの仏教書（梵書《ぼんしょ》）にある夜叉《やしゃ》と羅《ら》刹《せつ》が鬼に該当していたと考えられる。

羅刹は梵語でRaksasaといい、これが羅刹婆《らせつしゃ》、羅叉婆《らしゃしゃ》、涅哩底などと訳された。『大日経』では、羅刹を「彼れ常に衆生を噉食す」とし、『慧琳音義』には「羅刹《らせつ》此悪鬼といふなり、人血肉を食ふ。或は空を飛び或は地を行く捷疾鬼《しょうしつき》畏《おそ》るべきなり」とある。夜叉は梵語でYaksaといい、閲叉《えつしゃ》、夜乞叉《やきしゃ》などと訳され、能噉鬼《のうかんき》（よく人を喰う鬼）、捷疾鬼などとされた。これらは仏教がヒンドゥー教などの土着の神々を習合する過程で、同化をしない異端の神々を人を喰う悪神、悪鬼としたものと思われる。この土着の神である羅刹・夜叉はやがて仏教に教化されて仏法護持の仏神に加えられていく。

たとえば、インドの地母神であるダキニは、仏教によって夜叉の部に入れられて、女の人喰い悪鬼とされた。仏教説話には釈迦がダキニを教化する説話がさまざまに伝えられている。毘盧遮那仏《びるしゃなぶつ》（釈迦の尊名）が仏教に帰依した土着神の大黒天《マハーカーラ》に変身してダキニを懲らしめる説話がある。大黒天がダキニを噛み砕こうしたときダキニは命乞いをし、「私は人肉を食べないと命が保てないから、なんとか人肉を食うことを認めてほしい」と哀願する。釈迦は人の死を六か月前に予知する能力を与え、その人が死んだら食べることを許し

イシュワリ・カルマチャリヤの
大黒天曼荼羅。（＊）

仏教の大黒天像。（＊）

梵語のラセツは羅《ら》刹《せつ》婆《しゃ》・羅《ら》叉《しゃ》婆《しゃ》・涅哩底と漢訳された。（＊）

密教のダキニの復原図。人喰い悪鬼とされた。（＊）

たという。日本では将来を見通す能力がある荼吉尼天《だきにてん》として密教や修験道の信仰対象となり、さらに俗信化されて、その本体が狐の精となり、稲荷大明神・飯縄権現などとなっていった。

孔雀明王《くじゃくみょうおう》の神呪《じんじゅ》を説いた『孔雀経』には七十二羅刹、十大羅刹などさまざまな羅刹があげられている。羅刹には、煩悩の賊を縛す「藍婆《らんば》」、煩悩を結縛する「毘藍婆」、財を積んで人に施す「曲歯」、難障を取り除く「華歯」、福徳をつかさどる「黒歯」、魔を取り除く「多髪」、衆生を害する「無厭足」などがおり、このなかでも一番今日の鬼のイメージに近いものが「四句半偈《しくはんげ》」（左図）で、「諸行無常《しょぎょうむじょう》　是諸滅法《ぜしょめつぽう》　生死滅已《しょうじめっき》　寂滅為楽《じゃくめついらく》」の偈《げ》（仏の功徳、法の道理を讃えた詩句）を説いた羅刹である。これらは角を生やしていたり、乱髪で虎の皮をまとっている。一説にこの羅刹は帝釈天《たいしゃくてん》の化身ともいわれる。また、地獄の獄卒のなかには牛頭《ごず》・馬頭《めず》をもつ半獣鬼の鳩槃荼《くはんだ》や猪頭《いとう》をもつ遮文荼《しゃもんだ》がいて、これらも中国で鬼に関連した図像として表現され、日本にも伝えられている。

これらのことから考察すると、おそらく、死者の幽魂を鬼（隠）とする中国の思想とインドの羅刹夜叉類の彫刻や図像が習合して、鬼の視覚的なイメージが造形化され、それが日本に伝えられたものと考えてよい。

一方、谷川士清著の国語辞書『和訓栞《わくんのしおり》』には「鬼に形なし、さるを倭漢ともに角ある頭と虎の皮をまきたる体《てい》に画くは、丑寅を鬼門とするより牛と虎とを取り合せたる也といへり」とあり、丑寅（東北の方角）の鬼門とする因習にこじつけたり、また、威力のあるものとして、角と牙の両方の武器を備えたものであるとしたり、鬼の姿形のいわれについては枚挙にいとまがない。

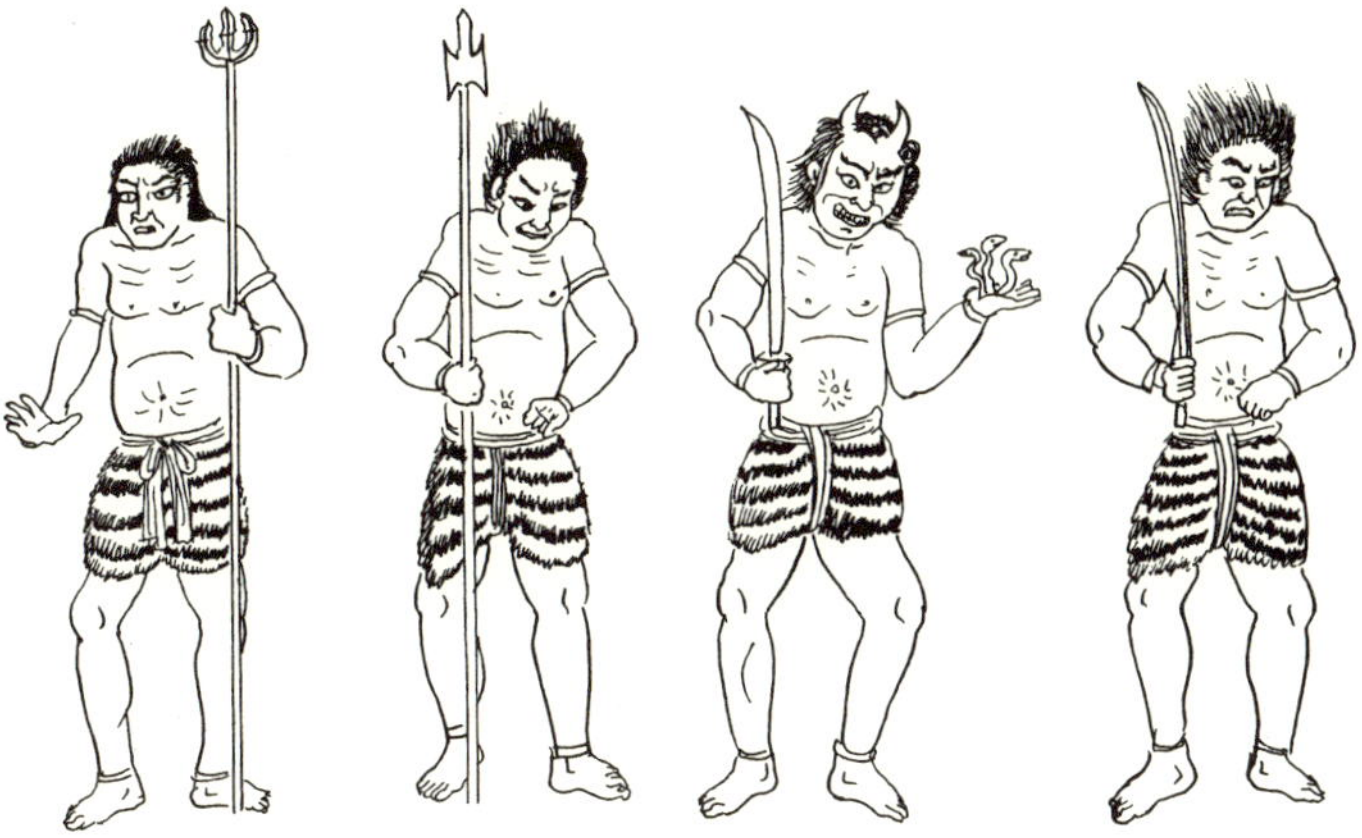

今日の鬼のイメージに一番近い羅刹の「四句半偈《しくはんげ》」。（＊）

牛頭《ごず》・馬頭《めず》をもつ半獣鬼の鳩槃茶《くはんだ》。（＊）

猪頭《いとう》をもつ半獣鬼の遮文茶《しゃもんだ》。（＊）

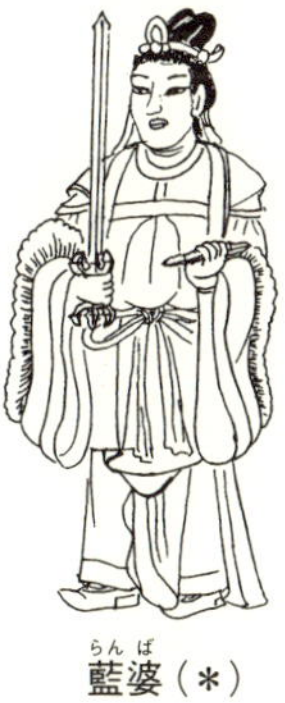

藍婆《らんば》（＊）

曲歯（＊）

華歯（＊）

黒歯（＊）

◆鬼語辞典［1］

姉姑《あねじゅうと》は鬼千匹《おにせんびき》、小姑《こじゅうと》は鬼十六《おにじゅうろく》に向かう

嫁いだ家で夫の姉と妹と同居して仲良く暮らすことはなみたいていでないことのたとえで、姉姑は鬼が千匹、小姑は鬼が十六匹に匹敵するほどである。

お釈迦様《しゃかさま》にもお経《きょう》、鬼にも黒《くろ》鉄《がね》の寄《よ》り棒《ぼう》

釈迦には経典があり、鬼には金棒がある。ともに拠りどころとするものであることから、誰にも必要な物があることのたとえ。

鬼が住むか蛇《じゃ》が住むか

人の心の中にはどんな考えがひそんでいるか想像がつかないこと。また、世間にはどんな恐ろしい人間がいるかわからないということ。

鬼が出るか蛇が出るか

前途の吉兆や困難の予想がつきにくいこと。

鬼が仏《ほとけ》の早変わり

陰では鬼のように凶悪な者が、人前では善人のように振る舞うさま。

鬼が笑う

実現の難しいことや予想のつかないことを言った時にからかっていう言葉。「来年のことを言うと鬼が笑う」などという。

鬼に金棒《かなぼう》

勇猛な鬼に強力な金棒を持たせる意から、ただでさえ強い上に、さらに強力さが加わることのたとえ。

鬼に瘤《こぶ》を取らる

『宇治拾遺物語』「瘤取り爺さん」の説話（本書七二ページ）からの言葉で、不幸な目にあったようで、実は幸運であったことのたとえ。

鬼に衣《ころも》

①普段は上半身裸の鬼が僧衣を着ていることから、表面はおだやかでやさしそうに見えるが、心の中は恐ろしいことのたとえ。「狼に衣」ともいう。②鬼は上半身裸がふつうなので、不必要なことのたとえ。

鬼の居ぬ間に洗濯《せんたく》

遠慮する人のいない間に、息抜きをし一休みすること。「鬼の留守に洗濯」ともいう。

鬼の餌食《えじき》を餓鬼《がき》が取る

鬼に煉獄の苦しみを与え続けられている地獄のやせ細った亡者である餓鬼が、鬼の食物を奪いとるというあり得ないことから、弱者がとうてい実現不可能なことをするたとえ。

⬇**鬼語辞典**［2］（一〇八ページ）［3］（一三〇ページ）［4］（一五〇ページ）

奈良・平安時代の鬼

古代日本に鬼らしきものの登場

大和朝廷は、服従を拒む勢力を「鬼」に当てはめ、邪神《あしきかみ》、姦鬼《かしましきおに》と呼び、征服の対象とした。『日本書紀』（巻七）「景行天皇」の項には、日本武尊《やまとたけるのみこと》に「亦《また》山に邪《あ》しき神有り、郊《のら》に姦《かだま》しき鬼有り。衢《ちまた》に遮《さいぎ》り径《みち》を塞《ふさ》ぐ」とあり、山岳地帯に邪神、平野部に姦鬼がいるのでこれらの蝦夷《えみし》を征伐せよ命じている。鬼は悪の権化であり、朝廷に抵抗する勢力を民心を脅かす怪物のイメージに作り上げている。これが、仏教伝来による悪《あっ》鬼《き》羅刹《らせつ》や地獄の獄卒《ごくそつ》の図像と習合してゆくのである。

『日本書紀』（巻十二）「仁徳天皇」の項には、飛騨の国（岐阜県）にある宿儺《すくな》がいて、「体《むくろ》を一《ひとつ》にして両《ふたつ》の面《かほ》有り。面各《おのおの》相背《あひそむ》けり。頂《いただき》合《あ》ひて項《うなじ》無し。各手足《てあし》有り。其れ膝《ひざ》有りて膕《よほろ》踵《くびす》無し…」（顔が前後にあって後頭部がなく、胴は背中がなくて両面胸腹で、手足が四本ずつあり、膝の後ろの脹《ふく》らみと踵《くるぶし》がない）。さらに一体二身であるから、腰の両側に剣をさげ、四本の手で前後に弓を持って矢を射る（左図想像図参照）。はなはだ凶悪で、朝廷の命にも従わず人民から物を奪って苦しめている。そこで和珥《わに》の臣《おみ》の祖先である難波《なにわの》根子《ねこ》武振熊《たけふるくま》を派遣して征伐したとある。この記述には「鬼」の文字はないが、朝廷に従わない勢力を異形のイメージにした姦鬼の表現とみていい。

また、漂着した異国人を鬼と見立てた記述もある。『日本書紀』（巻十九）「欽明天皇」の項には、「佐渡嶋の北の御名部《みなべ》の碕岸《さき》に、粛慎人《みしはせのひと》有りて、一船《ひとふな》に乗りて淹留《とどま》る。…是《こ》の邑《さと》の人、必ず魅鬼《おに》の為に迷惑《まど》はされ

大和朝廷は服従を拒む辺境の勢力を邪神《あしきかみ》・姦鬼《かしましきおに》と呼び悪鬼の名を冠して、自らの正統性を誇示した。（＊）

日本海沿岸にも異形の大陸人たちが漂着した。彼らのなかには仏教思想や強力な武器など進んだ文化や技術をもつものもいて、住民は鬼に見立てて恐れたと考えられる。（＊）

『日本書紀』「仁徳天皇」の項に登場する一体二身の凶暴な宿儺《すくな》。（＊）

む」とある。内容は、佐渡島の北の御名部《みなべ》の崎の海岸に粛慎《あしはせ》（北方民族の説がある）が漂着して生活をはじめた。住民は彼らを魅鬼《おに》として恐れていたが、不思議なことが起こった。邑《むら》の人が椎の実を食べようと爐《ろ》の中に埋めたら、弾《はじ》けた椎の実が二人の人に変じて戦いはじめた。さらに、粛慎人《あしはせびと》の強奪《ごうだつ》行為が頻繁に起こったので、人々は警戒した。その後粛慎人は瀬波河浦に移転したが、毒のある水を飲んだため多くが死亡し、遺骨が累々と重なり、その場所は粛慎の隈《くま》と呼ばれた。これも異国人を鬼のイメージに重ねたものであろう。

さらに鬼にまつわる地名伝説として『出雲国風土記』「大原郡阿用郷」の項には「爾時《そのとき》　目一鬼来而《めひとつのおにきたりて》食二佃人之男一《たつくるひとのをのこをくらひき》　爾時《そのとき》　男之父母《おのこのかぞいろ》　竹原中隠而居之時《たかはらのうちにかくりてをりしときに》　竹葉動之《たけのはあよげり》　爾時《そのとき》　所レ食男云二動動一《くらはるるをのこあよあよといひき》故云二阿欲一《かれあよといふ》…」とある。前後の内容を略記すると、出雲の国（島根県）阿用の郷は郡家の東南の方角の十三里八十歩の距離にある。この土地の名の起こりは次の由来による。ある男が山田を耕作しているとき、一つ目の鬼（左図に想像図を掲載）が現れてその男を喰ってしまった。男の両親は震えながら竹原に隠れてその物凄いありさまを見てしまった。喰われた息子は苦しがってアーヨ、アーヨと叫んだという。それでその土地を阿欲と呼び、聖武天皇の神亀三年（七二六）に阿用と改められたというものである。

この記述から、奈良時代にはすでに、鬼は人を喰う恐ろしい妖怪であると認識されていたことがわかる。日本の大和政権が、大陸から渡来した東北アジア系の騎馬民族が樹立した征服王朝であるとする江上波夫氏の騎馬民族説によるまでもなく、黒潮の支流とリマン海流がめぐる日本海側の地域には、中国や朝鮮半島の異民民族が頻繁に漂着したであろうことは疑いがない。しかも、彼らの多くは仏教思想と先進文化をもった異民

『出雲国風土記』「大原郡阿用郷」の項に登場する一つ目の鬼。（＊）

族であり、知識も豊富で格段に強力な武器も持っていたであろう。文化的にも後進国である日本列島の住民は身を脅かす恐るべき侵略者と受け取ったことは想像に難くない。『日本書紀』と『出雲国風土記』に記された佐渡や出雲のこれらの伝説は、明らかに異民族を鬼や妖怪の類としてとらえている。

また、『続日本紀』「仁明天皇」の項には、「人没精魂皈レ天　而空存二冢墓一　鬼物憑焉…今宜三砕骨為レ粉　散二之山中一…」とあり、人が死ぬと魂魄《こんぱく》は天に帰り遺骸だけは鬼物になって、時にはいろいろと祟りが現れるので、今後は遺骸は砕いて山野に撒き散らし、鬼物にならないようにせよ…という仁明天皇の言葉が記されている。これに見るように、死者の亡き魂が鬼となって現れるという中国の鬼の思想は、仏教思想と共に、この時代にはすでに流入していることがわかる。

雷神《らいじん》の申し子が鬼を撃退《げきたい》する

『日本霊異記』(上巻)「得二雷之憙一令レ生子強力在縁《いかづちのむがしびをえてうましめしこのつよきちからのあるえに》 第三」に、雷神の申し子が鬼を撃退する説話がある。要約すると、敏達《びたつ》天皇の御代《みよ》に尾張国の阿育知《あゆち》の郡片蕝《かたわ》の里(名古屋市内)のある農夫が田を耕して水を引いているときに、小雨が降ってきたので、農夫は樹の下に入った。すると、雷が激しく鳴ったので、農夫が金《かね》の杖《つえ》(鋤《すき》とも)を夢中で振り上げると、雷がその前に落ちて、雷童が現れた。農夫は金の杖で雷童を殺そうとすると、雷童が「私を殺さないでください。助けてくれれば、その恩に報います」といった。農夫が「どんな恩返しをするのだ」と聞くと、雷童は「あなたに(雷神のような力強い)子を授けます。どうか私が空に戻れるように、楠で舟を作り、そこに水を入れて笹の葉を浮かべてください」といい、農夫がその通りにすると、雷童は農夫を離れさせ、雲を呼び雷鳴を轟《とどろ》かせて空に駆け上がっていった。

しばらくして農夫の妻は子を産んだ。その子は雷童の言ったように幼いときから力持ちで、十歳くらいには、その頃有名な力自慢の王子と大石の投げくらべをしても勝つほどであった。そして子供は飛鳥の[*1]元興《がんごう》寺《じ》の稚児となった。当時、元興寺の鐘突堂の童子が毎晩のように変死する事件が起き、鬼の仕業という噂が広まった。そこでこの童子は「私が鬼を捕らえて殺してみせます」と役僧の許可を得て、鐘突堂の四隅に灯火をおき、その灯火が洩れないように隠し、四人を密かに配置した。「私が鬼を捕らえたら一斉に灯りの蓋をとって明るくしてください」と打ち合せて、鐘突堂の入口の扉の陰に潜んでいると、真夜中頃に大きな鬼

雷神の申し子が鬼を捕らえるの図。(＊)

が現れたが、堂の隙間から童子の姿を見ると消え去った。夜明け頃に鬼はふたたび現れて中に入ろうとしたので、童子は鬼の髪の毛を掴んで捕らえたが、四人は恐怖から灯火の蓋を開くことができなかった。そのため童子は鬼を引きづりながら四隅の灯火の蓋を開いた。童子の力があまりに強いので鬼は髪の毛を引き抜かれたまま逃げ去った。

朝になって鬼の流した血痕をたどっていくと、そこは元興寺で働いていた無頼な下男を葬った墓であった。この下男の死霊が鬼となって現れたのである。この鬼の頭から抜けた髪の毛は後に元興寺の宝物として保存され、童子はのちに出家し、道場法師と呼ばれたという。

この説話には、下男の死霊がなぜ鬼となって現れたのか、その怨念の内容は語られてはいないが、死霊が鬼となり、鬼を雷神の申し子が退治をするという筋立てであり、仏教思想の影響が読みとれる。

＊1 元興寺。養老二年(七一八)、飛鳥寺が平城京に移転して元興寺となる。南都七大寺の一。奈良時代は三論・法相の教学の中心であった。

雷神《らいじん》も鬼として怖れられた

前項で、天から落ちた雷神の申し子が鬼を退治する説話を紹介したので、ここでは雷神と鬼の関係を考えて見たい。『日本書紀』では、雷を「以《い》加《か》豆《づ》知《ち》」と書き、「儼《いか》く畏べきもの」とし、黄泉の国の醜類の一つとしている。また、『万葉集』（巻三・二三五）では、

　天皇、雷岳《いかづちのをか》に御遊《いでま》しし時、柿本朝臣人麿の作る歌一首
　大君は神にし座《ま》せば天雲《あまくも》の雷の上に廬《いほ》らせるかも

とあり、「天皇である大君は神であらせられるので、大空の雷の、その上にいほりしておいでになることである」と天皇（天武・持統・文武天皇。持統天皇とする説が有力）を雷の上の存在として賛美をして詠んでいる。古代中国の周代の官制を記した『周礼《しゅらい》』では、雷を天神としており、字義の点から考えても、「雷」は雨雲の中に陰陽の気が積み重なって轟《とどろ》く音であるから、擬人的に考えれば、まさしく天神の仕業であろう。しかし、雷は人間にとって益するものでないことは明らかである。そのためか、『日本霊異記』（上巻）の冒頭にある「雷《いかづち》を捉《とら》ふる縁《えに》」では、雄略天皇の命令で小子部栖軽《ちいさこべのすがる》が雷を捕らえる話がある。

　天皇、栖軽に勅して詔《のたま》はく「汝、鳴雷《なるかみ》を請《う》け奉《たてまつ》らむや」とのたまふ。答へて曰《まを》さく「請けたてまつら将《む》」とまをす。……「雷神と雖《いへど》も、何の故にか天皇の請けを聞か不《ざ》らむ」といふ。走り罷る時に、豊浦寺と飯岡との間に鳴雷落ちて在り。栖軽見て即ち神司《かみづかさ》を呼び、轝籠《こしこ》に入れて大宮に持ち向かひ、

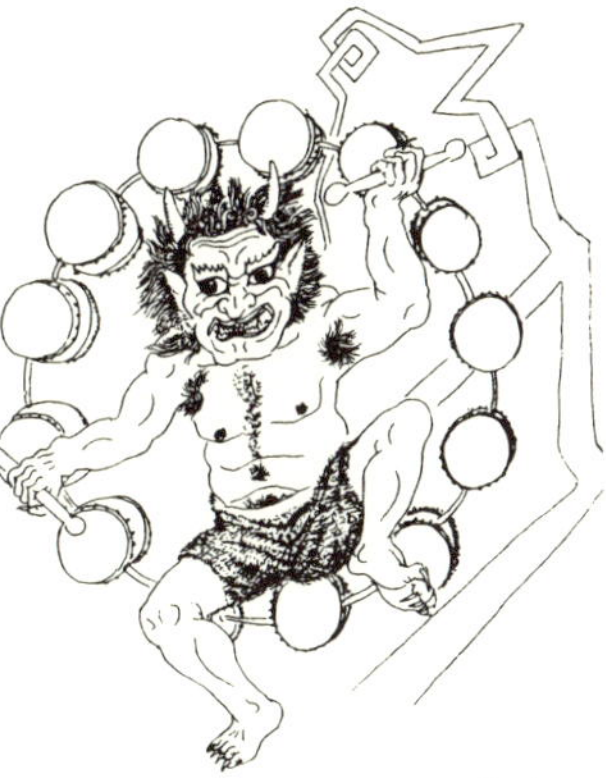

鬼と見なされた雷神。（＊）

雷公となって都へ復讐にきた菅原道真。奥村政信筆『絵本天神一代記』

天皇に奏して言《まを》さく「雷神を請け奉れり」とまをす。

とある。この後、雷神が光を放って輝くのを見た天皇は、怖れて、供え物をして、その怒りを鎮める。そこが雷《いかづち》の岡と呼ばれるのである。

　このように天神である雷神は、日本では調伏《ちょうぶく》されるものとして位置づけられている。朝廷に服従しない地方の勢力と同様、雷神も「まつろわぬ神」「邪神《あしきかみ》」として、征服すべき鬼と見ているといえる。

　しかし、雷は人間の力の及ばない超自然現象であり、雷は、鬼とは別扱いの畏怖される存在であり続ける。そして、藤原時平の讒言《ざんげん》により大宰権帥《だざいのごんのそち》に左遷され、配所で没した菅原道真《すがわらのみちざね》の怨霊が雷神となって都を襲う形で登場し、雷神は鬼ではなく、天神としての大いなる力を見せつけることになる。これは雷神の復活といってもよいのだろう。

冥府《めいふ》から迎えにきた鬼

仏教が広まってくると、鬼は地獄の獄卒《ごくそつ》の姿で現れてくる。この世で寿命の尽きた者を鬼籍《きせき》（死亡した人の名を記載する名簿。過去帳）に記入するために、鬼は冥府から現世に死者を迎えにくるのである。そのコントのような説話が『日本霊異記』（中巻）にある。「閻羅王使鬼得㆓所㆑召人之賂㆒以免縁《えんらおうのつかいのおにめさるるひとのまひなひをえてめんずえに》　第廿四」の話で、あらすじは次のごとくである。

楢磐嶋《ならのいわしま》は、平城の都の左京の南都七大寺の一つである*1大安寺の西側に住んでいた。磐嶋は、聖武天皇の御代に大安寺の修多羅分《すたらぶん》（大般若経《だいはんにゃきょう》を読誦《どくしょう》したり論議する研究団体）より銭三十貫を借りて越前の国（福井県）の都魯鹿《つるが》（敦賀）の津で交易をした物品を船に積み、琵琶湖を経由して、家に戻ろうとしたときに急病となったので、一人だけで帰ろうと下船して馬を借り、近江の国（滋賀県）高嶋郡の磯鹿《しが》の辛崎《からさき》（志賀の唐崎）まで来ると、見知らぬ三人の者が追ってきた。その距離は一町ほど離れていたが、山城の国（京都府）の宇治橋まで来ると追いつかれ、共に馬を並べて行くので、磐嶋が「どこに行くのですか」と聞くと、相手は「俺たちは閻羅《えんら》（閻魔《えんま》）王庁《おうちょう》の者で、お前を連れにきた使いの者である」と答えたので、磐嶋は驚いて「何で私を連れて行くのか」と聞くと、「我らはお前の家に迎え行ったところ、商用で出かけているというので、敦賀の津で待機してお前を捕らえようしていたら、四王（持国天《じこくてん》、増長天《ぞうちょうてん》、広目天《こうもくてん》、多聞天《たもんてん》）からの使いがきて、〈あの男を連れて行くのは許してやれ。寺の銭を借りて商売をしていて、利息もきちんと納めている感心な奴で悪くどいことはしていない〉というので、お前を捕らえるのに躊躇《ちゅうちょ》していたため日数がかかってしまって、腹が減って疲れてしまった。お前は何か食い物を持っているか」といった。

磐嶋は、「旅の途中で十分な食料はないが、干飯《ほしいい》ならあるからそれをやろう」といって与えた。鬼達はそれを食べて「俺達は人に病をうつす疫鬼《えきき》であるから近寄るな。だからといって恐れることはない」というので、家に連れ戻って食事をもてなした。そのときに鬼が「俺達は牛の肉が好きだから、牛の肉を食わしてくれ。牛を捕って食う鬼というのは俺達のことだ」というので、磐嶋は、「我が家には斑毛の牛が二頭いる。それをあげるから、私を冥府に連れて行くことは勘弁してくれ」と頼んだ。

すると鬼達は「[*2]閻魔王の命令でお前を連れにきたのであるから、お前に御馳走になったからといっ

磐嶋を捕らえようとする冥府の鬼。（＊）

て見逃してやれば、俺達が閻魔王の命令に背いたことになり、今度は俺達が鉄の棒で百回も打たれる罰を受けねばならない。こうした罰から逃れる方法としては、誰かお前の代わりの者を連れて行かねばならないが、そうした者はいないか」という。磐嶋も考えたが「そんな身代わりになるような者は心当たりがない」と答えた。鬼達も何か相談していたが、鬼のひとりが「お前は何年生まれだ」と聞いてきた。磐嶋が「私の年は戊寅《つちのえとら》（四十六歳）だ」と答えると、鬼は「率川《いざがわ》の社の近くに人相家相を占う者がいる。お前と同じ戊寅の生まれの者だから、そいつをお前の身代わりに冥府に連れて行こう。これは牛一頭を食わせてくれた礼だが、俺達が人を間違えて冥府へ連れて行ったことがわかると、咎められて鉄棒で打たれる罰を受けてしまう。それを避けるために、俺達三人のために金剛般若経《こんごうはんにゃきょう》百巻を僧侶に読経してもらってくれ。俺達の名は高佐麻呂、中知麻呂、槌麻呂である」といって夜半に去っていった。

　磐嶋が明くる朝に見ると、牛が一頭いなくなっていたので、やはり冥府の鬼に食われたに違いないと思った。磐嶋はさっそく大安寺の南塔院の石寸の沙弥《さみ》仁耀《にんよう》法師《ほうし》に頼んで金剛般若経を二日かかって百巻を読経してもらった。三日ほどのち、再び冥府の鬼がやってきて、「大乗経典を読経してもらったおかげで、鉄の棒を百回受ける罰をまぬがれ、支給される食事が一斗も増した。今後も六斎《ろくさい》（月の六回斎戒《さいかい》して[*3]八戒を守ること）ごとに、俺達のために仏事を営んでくれ」といって消えた。それより磐嶋は九十余歳まで命を永らえたという。大唐の徳玄は金剛般若経の功徳で閻魔王に呼ばれる難をまぬがれたといわれるが、日本の磐嶋は寺の銭を借りて商売をしていて、利息もきちんと納めていたため閻魔王の使いの鬼から逃れることができた。

仏前に供える花を売る女は忉利天《とうりてん》[*4]に転生し、毒を盛って釈迦を殺そうとした掬多《きくた》は、釈迦の慈悲心で懺悔《ざんげ》して善心を起こして仏法に励んだという。仏法の功徳を表す点で、これらの説話や仏話は皆同様の構造をもっているといえよう。

大和朝廷によって、服従をしない勢力が鬼とされたが、この仏教説話から、奈良時代末期の鬼は冥府の閻魔王の配下で、現世の死する人を迎えに行く役目を担っていたことがわかる。鬼はやがて地獄の獄卒《ごくそつ》として位置づけられ、火車《かしゃ》で亡者《もうじゃ》を運ぶ恐ろしい形相の鬼となるのである。また、この説話に登場する鬼は、現世の人と変わらない心情を持っている俗っぽい鬼として語られていることも面白い。後世の諺にいう「鬼の目にも涙」「地獄の沙汰も金次第」を想起させるような説話である。もっとも『日本霊異記』の選者である薬師寺の沙門景戒による、寺に利息を奉納すれば、その功徳として鬼によって冥界に連れていかれることをまぬがれることができるという、仏典の霊験を強調し、寺への寄進を促進させるという演出がなされていることはいうまでもない。

＊1　大安寺。聖徳太子が百済川沿いの能凝村に創建した寺。和銅三年（七一〇）に平城の六条五坊に移転し、南都七大寺の一つとなる。
＊2　閻羅王（閻魔王）。冥府を支配する死の神。地獄の王。地獄に堕ちる人間の生前の行為の善悪を審判する。もとインドのヴェーダ神話の神で、中国に伝わって道教と習合し、冥府で死者を裁く十王の総王となる。
＊3　八戒。不殺生、不偸盗、不邪淫、不妄語、不飲酒、ゆったりとした寝床に寝ないこと、歌舞鑑賞におぼれないこと、一日の決められた回数以外に食事をとらないこと。
＊4　忉利天。六欲の一つ。須弥山の頂きにあり、帝釈天の大城があり、生前に十善を修めた人が生まれ変わる一種の極楽の世界。

金鬼《きんき》、風鬼《ふうき》、水鬼《すいき》、隠形鬼《おんぎょうき》現る

南北朝時代に著された『太平記』（巻第十六）「日本朝敵の事」に天智天皇の時代の四鬼の説話が記されている。その部分を抜粋すると「天智天皇の御宇《ぎょう》に藤原千方《ちかた》と云《いふ》者有《あっ》て、金鬼《きんき》・風鬼・水鬼・隠形《おんぎょう》鬼《き》と云《いふ》四《よっ》の鬼を使へり。金鬼は其《その》身堅固にして、矢を射るに立《たた》ず。風鬼は大風を吹《ふか》せて、敵城を吹《ふき》破る。水鬼は洪水を流して、敵を陸地《ろくち》に溺《でき》す。隠形鬼は其《その》形を隠《かく》して、俄《にはかに》敵を拉《とりひしく》。如斯《かくのごとく》の神変《じんぺん》、凡夫《ぼんぶ》の智力を以て可防《ふせぐべきに》非ざれば、伊賀・伊勢の両国、是《これ》が為に妨《さまたげ》られて王化に順《したが》ふ者なし。爰《ここ》に紀朝雄《きのともを》と云《いひ》ける者、宣旨《せんじ》を蒙《かうむっ》て彼《かの》国に下《くだり》、一首の歌を読《よみ》て、鬼の中へぞ送《おくり》ける。〈草も木も我《わが》大君《おほきみ》の国なればいづくか鬼の棲《すみか》なるべき〉。四《よっ》の鬼此《この》歌を見て、〈さては我等《われら》悪逆《あくぎゃく》無道《ぶどう》の臣に隨《したがっ》て、善政有徳《うとく》の君を背《そむき》奉りける事、天罰遁《のがる》る、処《なか》無りけり〉とて忽《たちまち》に四方に去《さっ》て失《うせ》にければ、千方《ちかた》勢《いきほ》ひを失て軈《やが》て朝雄《ともを》に討《うた》れにけり。」とある。

要約すると、天智天皇の御代に藤原千方という者がいて、金鬼・風鬼・水鬼・隠形鬼という四鬼を使って、伊賀・伊勢の両国を荒らし回ったので紀朝雄が勅命を受けて退治することになった。朝雄は「山川草木すべて天皇の統治する国のものであるから、どうして汝らのような鬼が棲んでいられるところがあろう。住処《すみか》などはないはずだ」という歌を四鬼に送ったので、四鬼は我等は天皇が統治する範囲外の存在であるから、現世に棲むべきではない。そして我らは悪逆の主人に仕えていたのかと悟って藤原千方のところから去っていったので、千方は勢力を失って、朝雄の軍勢に討たれて滅んだという内容である。

金鬼、風鬼、水鬼、隠形鬼を操る藤原千方。（＊）

この説話に登場する藤原千方、紀朝雄は実在の人物でない。おそらく朝廷に叛逆する反対勢力の敵将として、太平記が創作したものであろう。そして四鬼は、その家来である武将達を鬼に見立てたものであろう。『太平記』は南北朝五十余年間の長い争乱を描きだしたものであり、敵味方が魑魅魍魎《ちみもうりょう》に取り憑かれたような殺伐とした時代であったのである。戦乱を生き抜く武将達にとって、矢も通さない堅固な肉体をもつ金鬼、大風を吹かせる風鬼、大洪水を起こす水鬼、神出鬼没で姿を見せない隠形鬼などの超能力を持つ鬼神達が、願望をもないまぜにした力の象徴として、彼らの心の中で暗躍しても不思議ではないであろう。ここには風神、雷神、水神など自然現象に霊的存在を見るアニミズム的な習俗と仏教の鬼神との習合を見ることができるといえよう。そして不思議なことには、筆者の知る限りでは、このように四鬼が同時に登場する説話を見ないことである。

鬼を駆使した超能力者の役行者《えんのぎょうじゃ》

日本の修験道《しゅげんどう》の祖とされる奈良時代の伝説的な人物である役行者にも、鬼にまつわる説話がある。役行者は「役《えん》の優婆塞《うばそく》」「役小角《えんのおづの》」とも呼ばれた山岳修行者で、大和国（奈良県）葛城山に住んで修行し、吉野の金峰山・大峰などを開いたと伝えられる。『続日本紀』（巻一）「文武天皇」の項に「世相伝云　小角能役二使鬼神一　汲レ水採レ薪　若不レ用レ命　則以レ咒縛レ之」（世間の噂では、小角は鬼神を駆使して山に籠り、渓流の水を汲ませたり薪を採らせたりさせ、命令をきかない鬼神〈一言主神といわれる〉を呪縛した）とある。

また、『日本霊異記』（上巻）「修二持孔雀王咒法一得二異験力以現作レ仙飛レ天縁《くじゃくわうのじゅほふをしゅぢしけしきげんりきをえてげんにせんとなりてんにとぶえに》　第廿八」には「役《え》の優婆塞《うばそこ》は、賀茂役公《かものえのきみ》、今の高賀茂《たかかも》の朝臣といふ者なり。…孔雀の咒法を修習し、奇異の験術を證し得たり。鬼神を駈使《おひ》ひ、得ること自在なり。諸の鬼神を唱《いざな》ひ催《もよほ》して曰はく〈大倭《やまと》の国の金《かね》の峯《たけ》と葛木の峯《たけ》とに椅《はし》を度《わた》して通はせ〉といふ。是に神等、皆愁へて、……」とある。前後を要約すると、役行者《えんのぎょうじゃ》（役《え》の優婆塞《うばそく》）は、四十歳のときに洞窟に籠もり、*1孔雀経法の呪法を修行し、不思議な仙術を会得した。そして鬼神を自在に従わせることができるようになった。そこで前鬼、後鬼の鬼神達に「大和の国の金峰山と葛城の峰の間に橋を架けて通れるようにせよ」と無理難題を命じた。鬼達は困って、文武天皇の御代のときに、葛城の峰の*2一言主の大神が、「役行者は天皇を亡き者にしようとしている」と奏上したので、天皇はそれを信じて捕縛を命じたが、仙術を使うため捕らえることができず、役行者の母親を人質にして捕らえ、伊豆の大島に配流した（史実としては、文武三年〈六九九〉、韓国連広足の讒言《ざんげん》によって伊豆大島に配流された）。しかし昼間は流罪人として島でおとなしくしているが、夜になると仙術を使って富士山の頂上に飛んで修行をし、ときには朝廷に近づこうとしたので、朝廷は謀殺の刺客《しかく》を差し向けたが仙術を使って富士山頂に逃げてしまった。そして三年の後、許されて奈良に戻り、さらに修行をして天界に去ったという。

修験道は、もともと山中の修行によって呪力を獲得する仏教の一派である。厳しい修行による超自然的な体験を通じて、自然と一体となり即身成仏をめざすことから、鬼神をも従わせる呪力をもつということは、山岳説話としては十分理解のできる筋立てである。

＊1　孔雀経法。孔雀明王を本尊に、厄除け・祈雨などを行う東密の修法。
＊2　一言主の大神。凶事も吉事も一言で表現できるという神。

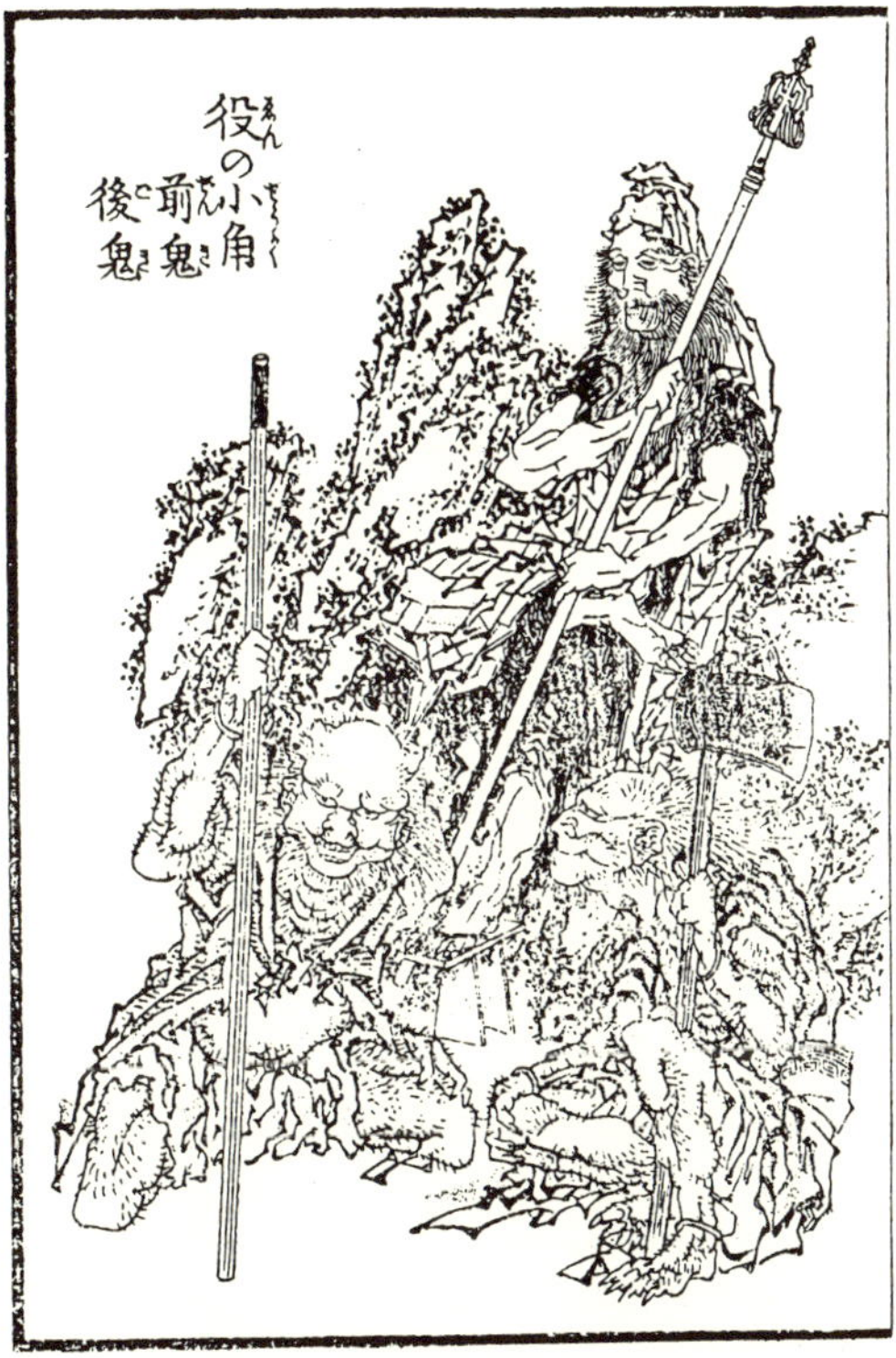

鬼神に無理難題を命じる役行者《えんのぎょうじゃ》（役小角）。『北斎漫画』

閻魔大王《えんまだいおう》と鬼に会って戻ってきたという三話

仏教思想によって鬼は閻魔大王の支配下の地獄の獄卒《ごくそつ》として定着したが、この地獄に行って、閻魔大王と鬼に会って生還して来た説話が『日本霊異記』（上・中巻）にあるので三話ほど紹介しよう。

その一話は、上巻「非理奪二他物一為二悪行一受レ報示二奇事一縁《ひりにたのものをうばひあくぎやうをなしあくほうをうけてきじをしめすえに》 第卅」である。要約すると、文武天皇の御代の慶雲二年（七〇五）の秋、豊前の国（福岡県・大分県）の少領《すけのみやつこ》（郡司四等書記官中の次官）の膳臣広国《かしほでのおみひろくに》が急死して、三日後に蘇った。広国は次のように話した。

冥府から襟首の髪をあげて結んだ男と子供の二人が迎えに来て連れて行かれた。この世とあの世の境に大河があり、黄金色の橋を渡ると見慣れない国があった。二人に「ここは何という国か」と尋ねると「黄泉《よみ》の国だ」という。その国の中心には八つの役所があり、役人は皆武器を持っていた。立派な宮殿に連れて行かれると、そこに黄金の椅子に座る王（閻魔大王）がいて、王は「お前を連れてきたのは、お前の妻が呼んでくれと訴えたからだ」という。そして一人の女が連れてこられた。見ると、かつて死んだ妻であった。妻は無惨にも鉄の長い釘を頭から打ち込まれて、その先は尻から抜け出て、また、額にも頭を貫通するほどの釘が打ち込まれ、手足は鉄の縄で縛られ、八人の鬼の獄卒に担がれていた。

王は「お前はこの女を知っているか」と尋ねた。広国が「間違いなく私の妻です」と答えると、王は「お前は何の罪でここに連れてこられたのかわかるか」とさらに詰問した。広国は一向に理由がわからないので、

地獄で鬼に責め苦を受ける妻と再会する広国。(＊)

「私にはわかりません」と答えると、王は広国の妻に理由を説明させた。妻は「あなたが私を家から追いだしたので、怨みに思って口惜しくもだえたため、その罪によってこのような罰を受けているのです」という。すると王は、「お前の妻は病死したので、お前には引き留めることはできなかったはずである。それなのにお前の妻は逆恨《さかうら》みをしたので、このような罰を受けているのだ。お前には罪はないので現世に戻してやる。帰るついでに、亡くなった父親に逢いたいと思うなら、南の方に行って見るがいい」といった。広国がその通りに行くと、父親は熱した銅の柱を抱くように縛られ、体中に鉄の釘を三十七本も打込まれたうえに、獄卒に鉄の杖でびしびしと打たれ苦しんでいた。朝・昼・晩三百回ずつ毎日打たれる責め苦で、父親は苦痛にう

糞屎泥地獄。極熱の糞尿の泥沼に落とされる地獄。その糞尿の泥には「金剛の嘴」をもった虫がいて、屎泥に苦しむ亡者の皮を破り肉をはみ、骨をくじいて髄を吸うという。『原家本地獄草紙』（奈良国立博物館蔵）

函量地獄。升目をごまかした悪徳商人が陥る地獄。灼熱の鉄塊を計らされる悪徳商人。『原家本地獄草紙』（奈良国立博物館蔵）

めいて「私は妻子を養うために、動物を殺して糧《かて》にしたり、他人に物を貸して、何倍にもさせて返させたり、強引に奪い取ったり、人妻を犯したり、両親に孝養することもなく、上役の人を馬鹿にし、債務のある人を奴隷のように扱ったり、悪行の限りを尽くしたので、このような罰を受けているのだ」「いまはただ前世の悪行を懺悔《ざんげ》して、仏様にお詫びをしてすがるしかない。そこで、お前は私のために、仏像を造り、有難いお経を書写して仏様に私の前世の罪をお詫びしてくれ。そうすれば慈悲深い仏様はきっと冥府にきてくださって、この私を救い出してくれよう…」といわれ、約束をした広国が現世へ通じる門に来ると、門番が「一度冥府の門をくぐった者は二度と現世に帰すことはできない」という。そのとき、案内をしてきた子供（観世音菩薩の化身）が現われ、広国は現世に戻ることができた。」

ここには地獄の責め苦が残酷な描写で語られている。人は生前に三宝（仏・法〈仏の説いた教え〉・僧）をうやまい、親の恩義を感じて、故人を供養しないと、故人は永劫の地獄で苦しむという説話である。この説話でも獄卒の鬼は、人間に罰を与える地獄の重要なメンバーとなっている。

§

『日本霊異記』（中巻）「依㆓漢神祟㆒殺㆑牛而祭又修㆓放生善㆒以現得㆓善悪報㆒縁《からかみのたたりによりうしをころしてまつり、またはうじやうのぜんをしゆうして、げんにぜんあくのむくいをえるえに》　第五」には、異神のために多くの牛を殺して供えた男が仏教に帰依して地獄から生還した話がある。あらすじは次の通りである。聖武太上天皇の御代（奈良時代中期）は、すでに仏教が隆盛していたが、一部では異教神への信仰もあり、そうした異神に畜類を犠牲として供える風習もあった。摂津の国（大阪府）東生郡撫凹《ひがしなりぐんなでくぼ》の村のある長者は、異神を深く信仰していた。長者は、七年間にかぎり、一年に一頭ずつ牛を殺して供えていたが、得体の知れない病《やまい》に罹《かか》り、それから七年の間に医者に診療してもらったり、巫《みこ》や修験道の行者に祈祷してもらったが、一向に効きめがなかった。長者は、これは七年も牛を殺した祟《たた》りではないかと思い、それからは仏教の戒律を守って殺生をやめ、放生《ほうじょう》（生物を放してやること）を心がけた。それでも臨終が近づいたので、何か思いあたることがあったと見えて「自分が死んでも九日間は火葬にしないでくれ」と遺言して死んだ。

牛頭鬼により閻魔大王の前に引きだされる長者。（＊）

長者は九日目に蘇生して冥府に行った話をした。

私は七人の牛頭の獄卒のような者に縛られて閻魔の庁に連れていかれ、閻魔王の前に引きだされた。すると獄卒達は「此奴《こやつ》は動物を殺してもなんの罪とも思わない男ですから、早く判決してください。私を殺したように、此奴の肉を切り刻んで食って思い知らせてやる」とまな板と包丁を持ちだした。すると千万人ほどの亡者《もうじゃ》が現れて、「この人には罪はありません。この人に取り憑いた鬼神が行わせた殺生です」と弁護してくれた。……その結果、閻魔王はそれを認め、現世に帰してくれた。見送ってくれた亡者達に「あなた方は、前世で私となんの縁があったのですか」と尋ねると、「我々はあなたが放生会《ほうじょうえ》のために買い取って、野原や水に放して生かしてくれた動物達です。その恩返しです」といわれて蘇生した。…という説話である。

§

また、『日本霊異記』（中巻）「憶二持心経一女現主閻羅王闕示二奇表一縁《しんぎやうをおくぢするおんなうつつにえんらわうのみかどにいたりめづらしきしるしをしめすえに》 第十九」には、閻魔大王に呼ばれて般若心経《はんにゃしんぎょう》を読誦《どくしょう》して戻ってきた話がある。河内の国（大阪府）古市郡の利苅村《とかりむら》に在俗の熱心な女仏教信者がいて、利苅の優婆夷《うばい》と呼ばれた。三宝を敬い、常に般若心経を読誦し人々からも信頼されていた。この優婆夷が急に死んで、閻魔大王のもとに連れて行かれた。大王は優婆夷に敷物を与えて座らせ、「そなたの般若心経の読誦する声はたいへん妙音でこの冥府まで響いており、つねに有難く思っているので、ぜひ一度聴きたいと思っていた。どうか読誦してほしい」と頼むので、優婆夷は喜んで読誦し、三日間もてなしを受け、現世に戻った（蘇生）という……そして優婆夷は「現世において善を修養する人がいれば、その人の名は天界にしれわたり、悪をなす人がいると、その人は地獄にしれわたる」と結ぶ説話である。

これらの説話から、平安時代初期には、すでに仏教の地獄思想が民間まで浸透したことがうかがわれる。悪業を犯した者は死後に地獄に堕ちて閻魔大王の裁きを受け、獄卒である鬼に残虐な責め苦を受け続ける。

閻魔大王に招かれて般若心経を読誦する利苅の優婆夷。（＊）

救われる道はただ一つ、現世の遺族などが篤く仏法に帰依して供養することであり、それによってはじめて仏の慈悲で地獄の責め苦から逃れられるというのである。

死者の幽魂が鬼になるという古代の鬼。雷神や風神、水神など人知を超える恐怖の存在である自然神としての鬼。修験道などがもたらす深い山岳にひそむ霊的存在としての鬼。生者の怨念が生み出す復讐の鬼。……など鬼的なるものにも諸相があるが、仏教布教の効果的な手段である地獄思想によって、鬼のイメージは地獄で人に罰を与える獄卒として、一般に定着していったのである。

疫病《えきびょう》は疫鬼《えきき》の仕業《しわざ》であった

日本の古くは疫病が流行すると、疫神や疫鬼の仕業であるとされ、神仙や陰陽師《おんようじ》の霊力で駆除しようした。この考えは、奈良時代頃に中国から流入した風習として日本に定着したと思われる。

中国の晋代の干宝作の怪奇小説集『捜神記《そうしんき》』（神仏の霊異現象の実在を証明するための説話を集めた小説集）には、「昔《むかし》顓頊氏《せいこうし》有三子《にさんしあり》　死而為疫鬼《ししてえききとなる》　於是正歳《ここにおいてしょうさい》　令方相師儺以疫鬼《ほうそうしをしてえききをおわしむ》」と記されている。これを訳すと、中国の古代の顓頊氏に三人の子があった。三人は死んでからそれぞれ疫鬼になって人々を苦しめたので、方相氏《ほうそうし》（疫病を追い払う役人）がこの疫鬼を追放したとある。この習俗が日本にも伝わり、鬼を追う追儺《ついな》の儀式が行われ、節分の豆撒きの行事が今日でも行われているのである。

このことは『続日本紀』「光仁天皇の宝亀四年（七七三）秋七月」の項にも「癸未《みずのとみ》祭疫神於諸国《えきしんをしょこくにまつる》」とあり、奈良時代では、諸国に疫病が発生すると、疫神（疫鬼）を祓う追儺の儀式が行われていたことが記されている。また今日の祇園会は、疫病の流行を疫神の怨霊の仕業と考え、疫神を「御霊神《ごりょうじん》」として祀ったことに始まる。祇園社である八坂神社の社伝によれば、貞観十一年（八六九）、諸国に疫病が発生したので、人々は祭神の牛頭天王《ごずてんのう》の崇りと恐れ、六月七日に、全国の国数にあたる六十六本の鉾をたてて牛頭天王の怒りを鎮め、十四日に神輿を神泉苑に入れて御霊会を催したという。往時は今日のように、医学の発達していない時代であり、人々にとって疫病はまさに疫鬼の仕業であったとしても不思議ではなかったのである。

人々を脅かす疫病の流行
は疫神のもたらす祟りで
あるとされた。(＊)

節分の豆撒き。疫鬼を追い払う奈良時代からの習俗である。葛飾北斎『良美灑筆』

正史に記録された鬼に喰われた女

正史の実録に鬼に喰われた女の説話が登場する。清和・陽成・光孝の三天皇の時代を記した編年体の史書『三代実録』（延喜一年〈九〇一〉）巻五十の光孝天皇仁和三年（八八七）八月十七日戊午の項に「武徳殿東縁松原西有㆓美婦人三人㆒…一婦人…其婦人手足折落在㆑地　無㆓其身首㆒　…時人以為　鬼物変㆑形」とある。この説話は『今昔物語集』『古今著聞集』にも収録されている。

これらの諸本の記述を要約すると、月明りの夜に京都の大内裏の武徳殿のある小松原を美しい女房が三人連れで歩いていたところ、松の木かげより美貌の男が現れて一人の女房を呼びだして何か話をしていた。二人の女房は離れたところで待っていたが、そのうち話し声も聞えなくなり、二人の女房が不審に思って行って見ると、男も女房の姿もなく、女房の手足だけが落ちていたので、二人は驚き恐れて衛門府の宿営所に駆け込んだ。衛士達が駆けつけて見ると、女房の屍は本当に見当たらなかったので、人々はこれは男に化けた鬼の仕業であろうと考えた。『今昔物語集』（巻二十七）では、この話の末尾に「然れば女、然様《さやう》に人離れたらむ所にて、不知《しら》ざらむ男の呼ばはむを、広量《くわうりやう》して不行《ゆく》まじき也《なり》けり。努々《ゆめゆめ》可怖《おそるべ》き事也《ことなり》となむ語り伝へたるとや」と戒めの言葉で結んでいる。

国の正史でこのような根拠のない奇怪な事件を収録することも異例であるが、最も警備が厳重な大内裏にすら鬼が現れ、女房が惨殺されるという内容からは、この時代の政情の不安定さが見え隠れする。この事件の数年前には、東国の上総（千葉県）で俘囚（朝廷に服従した蝦夷）の乱があり、備前（岡山県）には海賊が出没するなど、朝廷の地方支配にもほころびが目立っていた。中央では藤原氏の門閥政治による不満が広がっており、『三代実録』がなった九〇一年には、宇多・醍醐天皇の信任厚く、藤原氏の力を押さえるために重用された菅原道真が藤原時平の中傷によって太宰府に左遷されている。『三代実録』には、このほかにも鬼の仕業とされる事件が記され、『今昔物語集』『古今著聞集』にも、鬼にまつわる奇怪な事件の説話が多くある。そして、これらの説話の舞台の多くが朝廷の内裏近辺であることは注目してよいであろう。『三代実録』が藤原時平らの編纂によることを考え合わせると、藤原氏に対する政権闘争の事件や犠牲者が、「鬼」という便利で正体不明の存在の仕業とされて処理され、記述されたとしても不思議ではない。この事件の翌日に催された諸寺の僧による朝堂院での読経供養もまた、真実を覆い隠す政争の儀式であったといえるかも知れない。

武徳殿の小松原で鬼に襲われる女房。（＊）

鬼に喰われた在原業平《ありわらのなりひら》の想い人

平安初期の歌人の在原業平にまつわる鬼の説話が『今昔物語集』『伊勢物語』にある。『今昔物語集』「在原業平中将女為被噉鬼語　第七」には「中将、大刀《たち》を抜《ぬき》て女をば後《しりへ》の方《かた》に押遣《おしやり》て、起居《おきゐ》て…雷《いかづち》も漸く鳴止《なりやみ》にければ、夜もあけぬ。…見返《かへり》て見るに、女の頭《かしら》の限と、着たりける衣共《ども》と許残《ばかりのこり》たり。…倉に住《すみ》ける鬼のしけるにや有けむ。」とある。話を要約すると、業平はある人の美しい娘に恋をしたが、親は良い婿を取ろうとして良い返事をくれなかったので、娘を盗み出し北山科にある校倉《あぜくら》に連れていった。ここに畳一帖を敷いて娘と共に臥した。ところが急に雷が鳴り稲妻が光ったので、業平は娘を奥に隠し、雷神の襲来に備えて太刀を抜いて待ち構えた。やがて雷電もやみ夜も明けたので、娘の様子を見に奥へもどると、娘の姿はなく、頭と衣類だけが残っていた。業平は雷鬼に喰われたものと思ったが、人に聞くとその校倉に住む人喰い鬼の仕業であることがわかった、という内容である。

『今昔物語集』のこの話は猟奇的な内容であるが、『伊勢物語』には、「御兄人堀河《せうとほりかは》の大臣《おとゞ》、太郎国経《たらうくにつね》の大納言、まだ下らうにて内へまいり給《たま》ふに、いみじう泣《な》く人あるをきゝつけて、とゞめてとりかへし給《たま》うてけり。それをかく鬼《おに》とはいふなりけり。まだいと若《わか》うて、后《きさき》のたゞにおはしける時とや。」とあり、業平が盗み出した娘は、後の清和天皇の后となる高子であり、「鬼」とは、高子の兄の藤原基経《もとつね》（堀河大臣）と藤原国経（大納言）のことで、この二人の鬼が、業平より高子を取り戻したとある。基経と国経にとっては、天

業平の想い人、鬼に喰われる。(＊)

皇の后となる可能性のある妹を、女たらしの業平に奪われては、自分たちの栄華も閉ざされてしまうことになるわけである。これに対して業平には、みずからは阿保親王の子として平城天皇の系譜という血筋でありながら、皇嗣《こうし》からはずれた一門の忸怩《じくじ》たる思いもあったであろう。「鬼」は政治の力学の比喩として効果的に使われたと考えてもよい。

さて、「鬼」の表現としてこの説話を見ると、特徴的なことが二つある。一つは雷神と鬼が同一視されていたことである。雷電は一瞬に樹木を破壊する恐ろしい雷神の力であり、鬼そのものに重ね合わされたとしても不思議ではない。二つめは、鬼に喰われた後には、なぜか「頭」が残るということである。これは「鬼」の文字が、大きな頭をして足もとの定かでない亡霊の象形である(四ページ参照)ことにかかわりがあり、また、頭部に魂が戻るという思いであったのかも知れない。

百鬼夜行《ひゃっきやぎょう》の出現

藤原氏による摂関政治の時代に入ると、仏教思想による古典的な鬼は、日本古来の俗信や地霊を習合しながらさまざまな妖怪を仲間として生んできた。文徳天皇から後一条天皇までの十四代の歴史と藤原道長の権勢を記した『大鏡』の「右大臣師輔」の項に、百鬼夜行に逢ったという話がある。その話を要約すると次の通りである。

この右大臣九条師輔《もろすけ》が百鬼夜行に逢ったのは、何月の頃かよくわからないが、大変夜遅くになって、内裏《だいり》から帰ろうとして、大宮表より南の方に向って行く途中あははの辻[*1]あたりにさしかかったとき、師輔が牛車の御簾《みす》を垂れおろして「御車の牛をはずして轅《ながえ》をおろせ、おろせ」と仰せられた。引き手はおかしいと思ったが、その通りにした。警固の随身達が何事かと集まると、師輔は御簾をおろして、車の中で笏《しゃく》を持ってうつ伏せなっており、その様子はたいへん偉い人の前にかしこまっているようであった。そして「牛車の軛《くびき》（車の両方の轅の端に付けた木）は榻《しじ》（車をとめたとき轅を置く台）にのせるな。轅（牛車の前に平行に出した二本の棒。その前端に軛を付けて牛馬に引かせる）の左右の軛の近くに集まって、前方を高音で払え。雑色《ぞうしき》（雑役の無位の下役）どもにも前払いをして声を絶やさずにださせろ。前駆の者どもも御車の近くに集まれ」と仰せられ、尊勝《そんしょう》陀羅尼《だらに》の経文（仏頂尊勝陀羅尼経の偈頌《げじゅ》で鬼難除けに効くとされた）をひたすら唱えた。そして牛を御車の陰の方にひかせた。そして半時（約一時間）ほどして御簾を上げさせ、「さあ、これで終ったから、牛を轅にかけて御車を進めよ」と仰せられたが、御供の者たちは何事があったのか少しも理由がわからなかった。後になって一部の人々にそっというには、あの時は百鬼夜行に出会ったので、危険がおよばないようにしたのだと仰せられたという。

鬼類の妖怪たちが蠢《うごめ》いて深夜の京洛を移動しているのを見たのか、不穏な怪盗の集団を見たのか。この説話では、どのような百鬼夜行であったのかは具体的に記されたいない。しかし、この時代には天変地異などの凶事をもって年号を変える陰陽思想が盛んで、政権を掌握した藤原氏は禁忌や卜占を行う陰陽道《おんようどう》を政治的に利用しており、陰陽師は霊界を見通すことができる特別な存在であった。鬼門や諸神の遊行の方角などを占うことができる陰陽師には、百鬼夜行は実在のごとく見えるとされた。この説話の九条（藤原）師輔は、『九条殿遺誡』『九条殿年中行事』を著した陰陽道の大家であり、師輔にとっては、幻覚であろうが、確かに百鬼夜行が見えたのである。そのため師輔は百鬼夜行の鬼の攻撃を避けるためひたすら尊勝陀羅尼経を唱えたのである。そして陰陽道の素養のない随身や雑色たちの目に百鬼夜行が見えず、右大臣である師輔のみにこそ映じたことは、百鬼夜行の実在をより効果的鮮明にしたであろうことは疑いがない。このように藤原氏は陰陽道を独占的にあやつり、世相を誘導し、政権運営の方向や一門にとって不都合な事件を「百鬼夜行」を利用して巧みに演出してきたといえよう。このことは、平安時代を題材とする『今昔物語集』や『大鏡』などでは、鬼と遭遇する逸話の登場人物は、藤原一族が多いことでもうなづける。

「鬼者老物之精也《きはろうぶつのせいなり》…」と言い、年劫を経て老いたるものの精がついに不思議な霊力を持って鬼霊になるという『論衡《ろんこう》』「訂鬼篇」の記述と、死者は鬼神であり、現世に怨念を残した死者が妖怪となって復讐にくるという中国伝来の思想は、この平安時代に、仏教の地獄思想とさらには、日本古来の地霊信仰と複雑に習合して、古びた桶や鼓、鏡、幣などにも怨霊《おんりょう》を宿させ、さまざまな妖怪を生んでいったといえる。

これらの百鬼夜行は、「夜行」の字のごとく、夜の闇にのみ徘徊する妖怪であり、この世に怨念をもち冥界《めいかい》をさまよう妄執《もうしゅう》の霊魂たちである。当時の人々は百鬼夜行の鬼を見たものは、この世ならぬ怨念の霊魂ゆえに、自らの魂があの世へと引き込まれるものと真剣に恐れたのであろう。なかでも墓穴を通路として地獄からやってくるという牛頭《ごず》馬頭《めず》は人間を喰い殺す鬼として恐れられていた。

次に幕末から明治に活躍した絵師の河鍋暁斎《かわなべきょうさい》の描く『暁斎百鬼画談』の一部を掲載した。元図は京都大徳寺の『百鬼夜行絵巻』などであるが、合戦で無念の死をとげ、野辺の髑髏《しゃれこうべ》となって霊界をさまよう武士たちの一団や幡をもつ白狐の妖怪、琵琶や琴、矛を持つ麒麟の妖怪、烏天狗のような怪物、お歯黒をつける女やおかめ顔の猿女の妖怪、巨大な頭の僧侶、空穂《うつぼ》（矢羽を入れる道具）や一つ目の妖怪などが極端にデフォルメされ、ユーモラスに描かれている。これらは老朽化して廃棄された道具類が妖怪となったもので「付喪《つくも》神《がみ》」とも呼ばれ、この一団が京の闇夜を駆け抜けていくのである。そして夜明けの太陽に追われてふたたび冥界《めいかい》に帰っていく。現代の人々からすれば、オールナイトの恰好のイベントのようであるが、都ですら治安の悪い中で、当時の人々にとって、この百鬼夜行は、横行する夜盗集団とともに恐るべき対象であった。

＊1　二条大宮のあたりで神泉苑の近く。

霊界をさまよう髑髏《しゃれこうべ》の武士団。（以下、河鍋暁斎『暁斎百鬼画談』より）

龍頭の幡をもつ白狐の妖怪や払子《ほっす》（仏具）や鰐口《わにぐち》（がまぐち）の妖怪。

で妖怪となったものを付《つく》喪《も》神《かみ》と呼んだ。

年を経て老朽化して捨てられた琴や琵琶などの妖怪。道具などが捨てられた怨念

鋭い刃のついた矛を振り回す麒麟顔の妖怪。

ノッペラボウの一つ目と、それにまたがる木槌を振りかざす烏天狗顔の妖怪。

鏡の妖怪を使ってお歯黒をつける醜女《しこめ》の妖怪とおかめ顔の猿女。三つ目の妖怪。

古びた掛軸や幡、使い古した仏具などの妖怪たち。

小鈴をもった鳥顔の妖怪。鉢や経巻などを頭にのせた妖怪や象鼻の妖怪。

瓢箪や鳥羽《とりばね》の妖怪。長い鼻や異相の妖怪たち。

古いハサミや反古（書画などで書き損じ不用となった紙）などの妖怪。

捨てられたり食べられたりした家畜や巨大な顔の僧衣の妖怪。

暗雲の龍に、空穂《うつぼ》（矢羽を入れる道具）の妖怪、一つ目と子を抱く鳥羽《とりはね》の妖怪。

夜明の太陽に追われて霊界に逃げる一つ目の老妖怪たち。

百鬼夜行《ひゃっきやぎょう》の姿を巧みに描写した名文

江戸時代の山東京伝が平安時代を題材として書いた『善知安方《うとうやすかた》忠義伝《ちゅうぎでん》』に、百鬼夜行を巧みに描写した名文がある。読みやすいので、そのさわりの部分を原文で紹介しよう。主人公は大宅太郎光国《みつくに》である。

老若男女《ろうにゃくなんにょ》の幽霊、血だらけなる斬首《きりくび》を数珠《じゅず》つなぎにして、百万遍《ひゃくまんべん》といふことをする体《てい》なり。光国呵々《からから》と打笑《うちわらひ》、「怨恨《えんこん》の集《あつま》るに乗じて、狐狸《こり》などの戯《たはぶ》る、か。さもあれおさなげたる化《ばけ》ざまよ」といひつゝ、手ごろの石をとりて、大勢の中へ撲地《はたと》投《なげ》つけたれば、皆《みな》同音に「呀《あつ》」と泣さけびてきえ失《うせ》忽《たちまち》家鳴《やなり》震動して、異《い》類異形《るいいぎやう》の化物《ばけもの》あらはれ出《いで》ぬ。青鬼《あをきおに》の両腕なきが頭《かしら》に鉄束《かなわ》のやうなるものをかぶりたるもあり。黒くして牛《うし》鬼《おに》のごとく頭《かしら》に金の針のやうなる毛の生茂《おひしげ》りたるが、口より火炎をふきて飛出《とびいづ》るもあり。或《あるい》は頭《かしら》に剣《つるぎ》のやうなる角《つの》いくつとなく生出《おひいで》、嘴《くちばし》鷲《わし》のごとくなるが裸身《はだかみ》に緋袴《ひのはかま》はきたるもあり。或《あるい》は角盥《つのたらい》に目口《めくち》生じ、手《て》杵《きね》に四足《しそく》生《おひ》いでたるなど、追々椽《おひおひえん》の上にねり出《いで》たり。光国は「彼奴原《きゃつばら》何《なに》するやらん」と柱にもたれて見居たりけるに、是等《これら》もやがてぞきえ失《うせ》ける。局《つぼね》とおぼしき所の破れたる壁のすきまより、さしのぞきて見れば、丈《たけ》なる黒髪をふり乱し、眉太《まゆふとく》色青ざめて、痩ほそりたる女房、鉄漿《はぐろ》の器《うつは》をとり散して鏡にむかひ、歯を染るの体《てい》なり。よく見てければ、鏡は女の童《わらは》とおぼしきもの、顔にぞありける。「かくよはく〳〵しき化物いくつ出《いで》たりとも手にたらず」と詈《ののしる》を聞つけてか、蔀《しとみ》の格子の間毎《まごと》に、目口鼻《めくちはな》いできて、けら〳〵と笑《わらひ》皆ともにきえうせぬ。光国はなほ猛《たけ》き化物もいづるかと、四方に眼《まなこ》をくばりてぞ居たりける。

頭に鉄の輪をかぶった両腕のない青鬼や、くちばしが鷲に似て、剣のような多くの角のある上半身はだかの百鬼夜行の化物たち。山東京伝『善知安方忠義伝』

油瓶《あぶらかめ》に化けた百鬼夜行《ひゃっきやぎょう》が人を殺した話

前の「百鬼夜行の出現」の項で、「鬼者老物之精也《きはろうぶつのせいなり》…」と言い、年劫を経て老いたるものの精がついに不思議な霊力を持って鬼霊になるという『論衡《ろんこう》』「訂鬼篇」の引用をし、使い古して廃棄された道具がその怨念で鬼霊と化して夜中を徘徊する図像を紹介したが、それにまつわる『今昔物語集』（巻二十七）の説話を二つ紹介しよう。最初の話は「鬼、現油瓶形殺人語《あぶらかめのかたちとげんじてひとをころせること》 第十九」である。あらすじは次の通りである。

昔、小野宮に住む右大臣の藤原実資《さねすけ》が宮中からの帰途、「車の前《さき》に小さき油瓶の踊《おどり》つ、行《あるき》ければ、…此は物《もの》の気《け》などにこそ有《ある》めれ」と、怪しい油瓶を発見する。これは妖怪の化身であると確信した実資が、その様子を見ていると、ある屋敷の門に至り、閉じた門の鍵の穴から入り込んでいった。屋敷に戻った実資が、家来に様子を探らせると、その家には長患《ながわずらい》の娘がいて、怪しい油瓶が侵入した昼方に亡くなったという。それを聞いた実資は、やはりあの油瓶は冥界から娘を招きに来た物《もの》の怪《け》であったと悟ったという。

往時は、死んだ者を鬼が冥界に連れていくと信じ、恐れられていたが、相手が娘なので、鬼神の形相では娘を怯《おび》えさせてはかわいそうと、鬼が気をきかせて油瓶に化けたのかも知れない。

二つめの話は「鬼、現板来人家殺人語《いたとげんじひとのいへにきたりてひとをころせること》 第十八」である。そのあらすじは次の通りである。

昔、ある身分の高い者の屋敷に二人の若い侍が勤めていて、宿直の晩に、二人は太刀を脇に引きつけて寝ずの警固をしていた。すると東の対の屋根から急に板が伸びてきた。「奇異《あさまし》と見る程に、此の板

冥界より死者を迎えるために来た鬼。油瓶に化けたその鬼を発見した藤原実資。(＊)

俄《にわか》にひら〳〵と飛びて、…然《しか》れば此れは鬼也《なり》けり」と、二人が身構えていると、二人をさけて、僅かなすき間から宿直の五位某が寝ている他の座敷に侵入していった。やがて、五位某のうめき声がするので、二人の侍が灯をともして駆けつけると、五位某はさきほどの板に圧殺されたと見えて、ぺっちゃんこになって死んでいた。そしてその板は姿形《すがたかたち》もなくなっていた。

水木しげるの劇画に登場する百鬼夜行の妖怪を思わせる、板に化けた鬼が人を殺したという珍しい話である。これはおそらく、夜中に、五位某に恨みある者が盾を持って襲い、押し潰して殺害したものと思われる。この事件が公式になって、詮索されると、警固の手抜かりとして問題になるので、鬼の仕業として済ませた事件と考えることもできよう。

百鬼夜行《ひゃっきやぎょう》の鬼につまみだされた僧侶

平安時代は『源氏物語絵巻』を見るような優雅な公卿《くぎょう》文化の円熟期として理解されているが、藤原門閥の政権独占に対する抵抗勢力もあり、中央に不満をもつ地方も多かった。そのため京洛の治安も充分ではなく、一歩京洛からでると山賊や海賊、湖賊が横行する時代であった。これらの危険な一団は京洛に出没する百鬼夜行と同じく「鬼たち」という認識で見られた。『宇治拾遺物語』（一七）「修行僧百鬼夜行にあふ事」に山賊とも百鬼夜行とも見える一団に遭遇した昔話があるので紹介しよう。

昔、諸国を巡って修業をしている僧がいたが、摂津の国（大阪府と兵庫県の一部）まできたとき、途中で日が暮れて竜泉寺という大きな古寺が目についたが、付近に人家もないので、やむなくこの寺に泊ることとし、笈櫃《おいびつ》をおろして寺の中に入った。不動明王の真言を唱え、夜中になったなと思っていると、大勢の声がして、それぞれ手に松明《たいまつ》を持った者が集まってきた。その数は百人ほどもいた。近くで見ると、目が一つの者や奇怪な姿の者たちで、人とも見えず、なかには頭に角を生やした者もいるので、これこそ百鬼夜行の連中かと思ってすくんでしまった。その中の一人が「我《わが》ゐるべき座に、あたらしき不動尊こそ居給《たまひ》たれ。今夜ばかりは外《ほか》におはせ」（俺の座る場所がない。こんなところに不動明王があるのは邪魔だ。今夜だけは外にいなさい）といって、僧を掴んで片手で引き抱えて寺の縁の下に置いた。その者たちは本堂内で騒いでいたが、やがて、もう夜が明けるぞといって皆去っていってしまった。僧は恐ろしさで身動きもできず、早く明

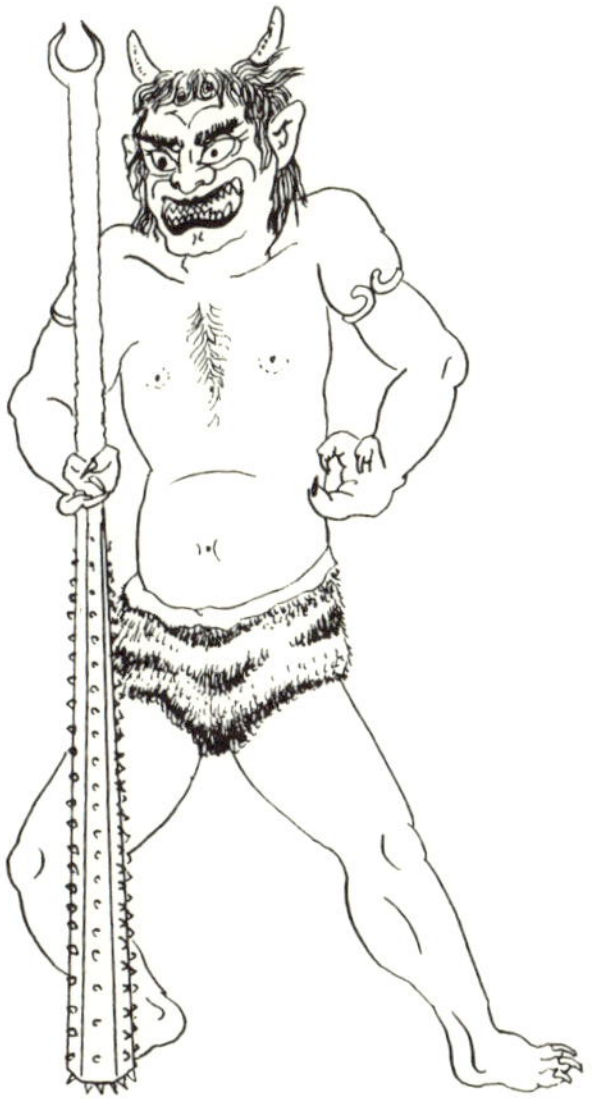

盗賊も鬼のイメージで表現された。（＊）

一つ目の鬼につまみだされる僧。（＊）

るくなってくれと念じているとようやく朝になった。それでホッとして四方を見回すと、そこには寺もなく、ただ草深い野原の中で、人の通る道もなく呆然としていると、偶然に馬に乗った人達が通りかかって助かり、ここの場所を尋ねると肥前の国（佐賀県・長崎県）であったという話である。

　おそらく広野をさまよっているうちに幻覚を起こして、寺や百鬼夜行に遭遇したと思ったのか、松明を灯した一団が集まってきたというのであれば、夜盗の集団の溜まり場に迷い込み、恐怖のあまり気絶したのであろう。この説話には、不動明王の真言で命拾いをしたという仏教的な教訓と、鬼の行動する広大な空間的なスケール、さらには天狗を思わせる超能力が示されている。

百鬼夜行《ひゃっきやぎょう》の鬼に瘤《こぶ》をとられた男の話

説話では百鬼夜行はつねに恐ろしい話として語られているが、人が鬼を利用したユニークな話もある。お伽噺《とぎばなし》の「瘤取《こぶと》り爺さん」の原点となる『宇治拾遺物語』（三）「鬼に瘤とらる、事」の古い説話である。

話を要約すると次の通りである。あるところに右の頬に大きな瘤のある老人がいて、それをつねに気にしていた。樵《きこり》らしく、ほとんど毎日山奥に行っては木を伐っていたが、ある日のこと、雨風が激しくなり暗くなってきたので家に戻ることもできず、やむをえず大木の洞《ほら》に避難していた。すると遠くから何かざわめく声がするので、恐ろしくなって縮まっていると、いろいろな形相の鬼たち（原文では「あかきいろには青き物をき、くろきいろには赤き物をたふさぎにかき、大かた、目一つある者あり、口なき者など……」とある）が集まってきて、翁《おきな》のひそんでいる洞の前で丸くなって酒宴をはじめた。酒宴が盛んになって鬼たちは陽気に踊りはじめたりしたが、それがあまりに面白いので、翁は恐ろしさも忘れて踊りに加わった。最初、鬼たちは呆れて見ていたが、その滑稽さに感心して毎回来て踊れといった。翁は逃げるのに必死で、言葉巧みに毎回来て興を添えますといったが、信用されず、お前の頬にある瘤は福のしるしだから、それを置いて行け。間違いなく来れば、そのときに返してやるといって、あっというまに瘤をとってしまった。暁方になって鬼たちは消え去ったので翁は家に戻ったが、確かに日頃気に病んでいた瘤はなく、頬は普通の肌になっていた。

そして左の頬に大きな瘤のある隣の翁がこの話を聞きつけて、自分も瘤をとってもらおうと山に行き、鬼

人間と宴会を楽しむ瘤取り鬼。（＊）

の宴会の中に踊り出たが、踊りが下手なので逆に呆れられ、瘤を返すぞと前の翁の瘤を右頬に付けられてしまったという話である。

この話で注目すべきは、鬼と人が共に楽しんでいることである。鬼は人を喰らう恐ろしい存在ではなく、人を助ける一面を持っている。異界の鬼の力を対立するものとしてではなく、自らに味方する力としている。それは民衆が権力に対峙《たいじ》するための有力な味方としての鬼といえるかも知れない。

牛頭《ごず》鬼に喰われた僧侶の話

地獄の獄卒《ごくそつ》の牛頭馬頭《ごずめず》鬼の牛頭《ごず》鬼が現れて僧侶を喰い殺す話が『今昔物語集』（巻十七）「於但馬国古寺毘沙門、伏牛頭鬼助僧語　第四十二」にでてくる。牛頭馬頭鬼は、人間が動物に与えた苦しみを、地獄に堕ちた人間たちに思い知らせる半獣の鬼であり、仏教布教の一つの絵画的な演出である。さて、話を要約すると次の通りである。

昔、但馬《たじま》の国（鳥取県）の某郡某郷の山中に寺があった。創建されてから百年以上の寺で、そこに住む僧もいなくなり鬼が棲むようになったので、人々は久しくその寺に近づくこともなくなった。ところがあるときに二人の僧が行脚《あんぎゃ》していたが、その寺のそばを通ることになり、登っていくとそこで日が暮れてしまった。二人の僧はこの寺に鬼が棲んでいるなどということは、まったく知らなかったので、ちょうど良い宿泊所と思って泊ることにした。僧の一人は若くて法華経を厚く信仰しており、もう一人は一生を修行で過ごしている老僧であった。二人は本堂の東西の端にわかれて寝ていたが、夜中頃になると、なにか壁を壊す音が聞こえるので、様子をうかがっていると何者かが侵入してきた。そしてプーンといやな臭いがして、まるで牛が鼻息荒く吐いているようであるが、なにしろ真っ暗なので、その正体はわからなかった。その怪物が若い僧の方に襲いかかろうとしたので、若い僧はものすごい恐怖にかられながらも一心に法華経を唱えて「なにとぞお救いください」と胸の中で叫んだ。

地獄に堕ちた人間たちに仕置きをする鬼と牛頭馬頭鬼『往生要集』（江戸時代）

するとその怪物は法華経の威力を恐れたのか、退いて、今度は年老いた修行僧に近づき、その身体をたちまちに引き裂いて喰いはじめた。若い僧は、老僧を喰い終われば当然また自分を喰いに来ると思い、あわてて仏壇に駆け登って、ならんでいる仏像の一体の腰にしがみついて法華経を一心に唱えていた。老僧を喰い終えた怪物は若い僧のところにやってきた。しかし自分に襲いかかってくる気配がないので、見るとその怪物は仏壇の前でどたんと倒れてうごけなくなった。夜が明けて、若い僧が自分がしがみついた仏像を見ると毘沙門天《びしゃもんてん》であり、仏壇の前に倒れている怪物は、牛の頭をした鬼で、三つにずたずたに斬り殺されていた。そして毘沙門の持つ鉾《ほこ》には赤い血がついていたので、法華経の功徳により、毘沙門が牛頭の怪物を退治して助けてくれたことがわかった、という話である。

毘沙門は甲冑《かっちゅう》を着けた忿怒《ふんぬ》の形相《ぎょうそう》の武将姿で足もとに夜叉《やしゃ》・羅刹《らせつ》を踏みつけ、かれらを従えて須弥山《しゅみせん》の北方世界を守護する神である。片手に宝塔を捧げ、もう一方の手には悪鬼を滅ぼす鉾を持つ。毘沙門は倶毘羅《くびら》（梵語 Kuvera）ともいい、インド神話に発する神である。この恐ろしい形相の善神は、法華経の霊験《れいげん》を人々に伝えるには恰好の仏像であり、この逸話は、別な惨劇を題材にした付会《ふかい》の話であろうが、老僧を犠牲にして残虐に殺害し、法華経を信じる若い僧を助けるという点、さらには被害者が仏教の布教者である僧侶である点においても、庶民への教化と信仰心の向上という面では、じつに効果的な逸話であるといえる。

この牛頭鬼は、その後の時代にもいくつかの説話として現れているので紹介しよう。

浅草寺に乱入した牛頭鬼《ごず》

源頼政の挙兵（一一八〇年）から宗尊親王の帰京に至る八七年間の鎌倉政権下の出来事を記録した『吾妻鏡』（巻四十二）に「丙戌　武蔵国浅草寺　如牛者忽然出現　奔走于寺　于時寺僧五十口計食堂之間集会也……廿四人立所受病痾……七人即座死」とある。浅草寺に突然牛に似た怪物が現れ、五十人のうち二十四人が牛頭の怪物の毒気で正体不明の病気になり、七人が即死したという。

この事件について、江戸時代になった『新編武蔵風土記稿』巻二十一（一八二八年成立）では「浅草川（隅田川）より牛鬼のごとき異形のもの飛び出し、嶼中を走せめぐり、当社に飛入り忽然として行方を知らず、時に社壇にひとつの玉を落せり、いま社宝・牛玉これなり」とあり、浅草寺のかたわらにある牛御前社《うしごぜしゃ》

賽の河原の鬼と牛頭の獄卒（図右上）。山東京伝『本朝酔菩提全伝』
図中には「父母のかほ水うつるをみて、あなこひしなつかしとおもひつゝたちよれども、忽そのかげ見へざれば、たゞなきさけびてかなしむとぞ」とある。

（牛頭天王《ごずてんのう》）の縁起となっている。もともと牛御前社は、記紀伝説で、凶暴なため天の岩屋戸の事件を起し、高天原《たかまがはら》を追放され、出雲国で八岐大蛇《やまたのおろち》を退治したという素戔嗚尊《すさのおのみこと》を祀った神社であり、牛頭の怪物が、その記紀伝承にも結びつけられたものと考えられる。この『新編武蔵風土記稿』で注目されるのは、一歩踏み込んで、牛頭の怪物が隅田川より出現したと記していることである。江戸時代では、牛頭の怪物は龍や河童などと同様に淵や川などに棲んでいると思われていたようである。個人的には墓が地獄の獄卒の出入口という説も面白いと思っているが、淵から牛頭の怪物が出現した説話はほかにもある。

瀧壺の淵から出現した牛頭《ごず》鬼

江戸中期の西村白鳥の『煙霞綺談』（巻之四）にも、瀧壺の淵から牛頭の怪物が出現する次の話がある。

「吉田より四里北東上村といふところあり。此村の北六七町に本宮山より落る大飛泉《たき》あり。…それより二間程下へ落る、これを雌瀧といふ。…東上村六左衛門といふもの、水に馴たるゆへ、常に此雌瀧の壺に潜りて魚を捕。享保中ある日此所に至り年魚《あゆ》を捕んとせしに、水丈に逆浪せし故、暫く見居たれば、淵の中より大なる黄牛湧出し、角《つの》を振立吽々《うんうん》と吼《ほえ》て、六左衛門を目がけ来る。六左衛門剛強の者なれども手に何も持ざるゆへ、早々上の道へ上り宿へかへりぬ。時に忽発熱し譫言《うわごと》など喑《しゃべっ》て三日目に相果たり。深淵より大蛇にても出べきに、牛の出たるは奇事なり」。

また牛鬼の遺物としては、四国八十二番札所の根香寺に寺宝として牛鬼の角と伝えられるものがある。

建長三年三月六日
淺草川より牛鬼現はれ
僧侶二十四人斃れる

建長三年三月六日　浅草川より牛鬼現れて、僧侶二十四人斃れるの図。（＊）

瀧の淵より巨大な黄色い牛の怪物が現れるの図。（＊）

格子戸《こうしど》から覗き込む馬頭鬼《めずおに》

前項で地獄の獄卒《ごくそつ》の牛頭《ごず》鬼について述べたが、馬頭《めず》鬼の昔話が『宇治拾遺物語』（一六〇）にあるので紹介しよう。一条桟敷屋（賀茂祭見物のための家）に傾城《けいせい》（遊女）と泊った男が馬頭鬼に会う話であり、短く読みやすいのでその原文を次に引用する。

今は昔、一條桟敷屋《さむじきや》に、ある男とまりて、傾城《けいせい》とふしたりけるに、夜中ばかりに、風ふき、雨ふりて、すさまじかりけるに、大路に、「諸行無常《しょぎゃうむじゃう》」と、詠じて過ぐる者あり。なに者ならんと思《おもひ》て、蔀《しとみ》をすこし押し明《あけ》てみければ、長《たけ》は軒とひとしくて、馬の頭なる鬼なりけり。おそろしさに、蔀を懸けて、奥の方へいりたれば、此鬼、格子《かうし》押し明《あけ》て、顔をさしいれて、「よく御覧じつるな〳〵」と申《まうし》ければ、太刀をぬきて、いらばきらんとかまへて、女をばそばに置きて待ちけるに、「よく〳〵御覧ぜよ」といひて、いにけり。百鬼夜行《ひやくきやぎやう》にてあるやらんと、おそろしかりける。それより一條の桟敷屋には、又もとまらざりけるとなん。

この馬頭鬼は、ただ「よくも見たな」と凄んで格子戸を開けて中を覗き込んだが、男の太刀に危険を察知したのであろうか、「わしの姿をよく見てゆけ」といって立ち去っていったという。諸行無常と唱えながら夜中に歩く馬頭鬼も愉快だが、同様の説話の多くが「尊勝陀羅尼」の念仏の功徳で難を免れていることを考え合わせると、この説話にも仏教布教の要素があるといえよう。

格子戸から覗き込み「よくも見たな」と警告する馬頭鬼。（＊）

鬼に喰い殺された娘の話

『今昔物語集』（巻第二十）「耽財、娘為鬼被噉悔語《たからにふけりてむすめおにのためにくらはれしをくいたること》 第卅七」に鬼に喰い殺されたとされる話がある。話を要約すると次の通りである。

昔、大和国（奈良県）[*1]十市《とおち》の郡菴知《あむち》の村の東方に住む人があった。家は大変豊かで、姓は鏡造《かがみつくり》といった。一人の娘がいて、とても田舎娘とは思えないほど容貌美麗であった。そのため村の若者たちがさかんに夜這《よばい》をしかけたが、誰も相手にせず、処女を守り通していた。ところがその中に、さまざまな宝物を車に三台も送ってきて求婚をする男がいた。両親は欲心を起して、良い日を選んで、この男を迎え入れ、娘の寝室に入れ夫婦の交わりをさせた。ところが娘が「声を高くして、痛や痛や」と叫んだ。両親は、まだ処女だからはじめてのときは痛いと大げさにさわぐものだと、気にもせずそのまま寝てしまった。

朝になって娘が起きてこないので母親が娘の寝室をのぞいて見ると、娘の姿はなく、「娘の頭《かしら》と一の指《および》許《ばか》り有《あり》て、余《あまり》の躰《むくろ》无《な》し。又血多《おほく》流れたる」状態であった。

こうしたことをするのは鬼以外には考えられない。とすると、娘の寝室に入れた若い男は、鬼の化身であったのか。そして男の贈ってくれた宝物を見ると[*2]呉朱臾の木が車で、宝物は牛や馬の骨を積んだものであった。両親は鬼の化物の仕業だったのか、物欲にとりつかれたため、神様の怒りに触れたためであったのかと考えた。近所の人も噂を聞いて集まって、これを目撃したが、かれらも同じように怪しむばかりであった。

両親は、娘を供養するために娘の頭を箱に入れて仏事を行い、初七日の法会をした。

この逸話は『日本霊異記』（第三十三）「女人《にょにん》、悪鬼《あくき》に黠《しめ》られて食噉《くら》はるる縁《えに》」の説話を元にしたものである。『日本霊異記』では話の冒頭に「汝《なれ》をぞ嫁《よめ》に欲しと誰《たれ》、あむちのこむちの萬《よろづ》の子。南无々々や、仙《やまびと》さかもさかも、持ちすすり、法《のり》申し、山の知識、あましにあましに」（お前を嫁にほしいというのはだれだろうね。菴知小路の萬の子よ。……仙人が逆手をうって、その息を吸い込んで、呪文を唱えて、山の知識が……）の俗謡が収録され、この災いの予兆はこの俗謡に示されていると記し、ある人は、神の不思議な力であるとし、ある人は鬼が喰ったものだといい、最後には、親が前世に犯した罪の報いであると結論づけている。

裕福な親の娘を喰らう鬼の説話。（＊）

これからもわかるように、この説話は、あきらかに仏教による富裕者を対象とした「欲」を戒める教訓譚であり、仏寺への寄進をうながす意図が込められている。ここでも「鬼」は、人間へのお仕置きの役割を担っている。

＊1　現在の天理市。
＊2　ミカン科の落葉樹の呉茱萸（からはじかみ）のこと。

鬼神《きじん》を見透《みすか》した陰陽師《おんようじ》の子

仏教とほぼ同時代に日本に伝来した陰陽道《おんようどう》は、国家や社会、個人の未来の吉凶を占う術として、律令制の各種行事や政治判断に大きな影響を与えた。とくに平安時代になると、藤原氏は政権掌握のため陰陽道を巧みに利用し、陰陽師の禁忌卜占《きんきぼくせん》によって政敵を排斥した。平安中期になると賀茂忠行《かものただゆき》、その子の賀茂保憲《かものやすのり》父子の陰陽道の名人が出、さらに保憲の子の光栄《みつよし》と弟子の安倍晴明《あべのせいめい》が輩出して、陰陽道は全盛期を迎える。

『今昔物語集』には、霊界を見通し、邪気を祓《はら》う呪術に秀でた陰陽師の逸話が登場する。巻二十四の「賀茂《の》忠行、道伝子保憲語《みちをこのやすのりにつたへたること》第十五」には、幼少の頃から透視力を持っていた賀茂保憲の説話が収録されている。その内容を要約すると次の通りである。あるとき、ある人が忠行に祓いを依頼した。忠行が祓いの場所に出掛けようとすると、十歳くらいになる子の保憲がせがむので一緒に連れていった。祓いの行を済ませて帰ってくると、子の保憲は「祓《はらへ》の所にて我が見つる、気色《けしき》恐気《おそろしげ》なる体《かたち》したる物共《ども》の、人にも非《あら》ぬが……二三十人許出来《ばかりいできた》て並居《なみゐ》て、居《す》へたる物共《ども》を取食《とりくひ》て、其造置《そのつくりおき》たる船・車・馬などに乗《のり》てこそ散々に返《かへり》つれ。其れは何《なん》ぞ」と父の忠行に訊ねた。忠行は「我れこそ此道《このだう》に取《とり》て世に勝《すぐれ》たる者なれ。然れども幼童の時には此鬼神《かくきじん》を見る事は无かりき」といって、大いに驚き、自分が修業して得た陰陽道の知識をすべて伝授したという。成人した保憲は著名な陰陽師となり、保憲の定めた暦もいまだに伝わっている。

陰陽師が、古代の科学知識を操る霊界を見通す超能力者として、表現されている説話である。

歌川豊国の描く百鬼夜行『善知安方忠《うとうやすかたちゅう》 義伝《ぎでん》』（山東京伝）
幼少の賀茂保憲には、上図のような人にもあらず、人の形をした百鬼夜行の妖怪たちが見えたのであろうか。

橋に出没する鬼の話

なぜか鬼は橋が好きなようである。橋を舞台とする『今昔物語集』の説話を二つほど紹介しよう。巻二十七の「近江国安義橋鬼《あふみのくにのあんぎのはしなるおに》、噉人語《ひとをくらへること》 第十三」の話。近江の国司の屋敷で家来たちが集い、安義橋に鬼がでるという話になり、家来の一人が、「お屋敷の名馬の鹿毛を頂戴できれば、自分が橋を渡って確かめてみせる」といい、これを聞いた国司がその名馬を与える。家来は一計を案じて馬の尻に油をたっぷりと塗って安義橋に赴くと、一人の女に遭遇する。女はにわかに鬼に変身して、馬尻に手をかけるが、油で滑って馬を掴むことができず、家来は難を逃れたという。その後、家来は弟に化けたその鬼に殺されたという話である。ここでは鬼の描写が具体的に叙述されている。「男馳《はせ》て見返《かへり》て見れば、面は朱の色にて、円座の如く広くして目一つ有り。長《たけ》は九尺許《ばかり》にて、手の指《および》三つ有り。爪は五寸許《ばかり》にて刀の様《やう》也。色は緑青《ろくしやう》の色にて、目は琥珀《くはく》の様《やう》也。頭《かしら》の髪は蓬《よもぎ》の如く乱れて、見るに、心《むね》・肝迷《きもまど》ひ、怖《おそろ》しき事无限《かぎりな》し」

次の話は巻二十七「従東国上人《とうごくよりのぼりしひと》、値鬼語《おににあへること》 第十四」で、東国から京にのぼる男が琵琶湖の瀬田の大橋を過ぎて、鬼の栖《すみか》と知らずに無人の荒屋敷に宿をとる。部屋の鞍櫃に鬼が潜んでいることを知った男は、馬で一目散に逃げ、瀬田橋の下に隠れる。追いかける鬼が瀬田橋で、川面に向かって「どこだ、どこにいる」と叫ぶと、何者かが現れるという話である。往時、橋は旅人を襲う浮浪者や零細な水辺生活者の生活の場であり、橋を地獄への結界とし、無頼の浮浪者を鬼としその仲間とする図式がなりたつかも知れない。

近江国安義橋に出没した一つ目鬼。馬の尻に油を塗っていたので、男は難を逃れた。(＊)

鞍櫃に鬼が潜んでいることを知った男は、それを悟られないように馬に乗って逃げようとすると、鬼が鞍櫃から現れる。

山姥《やまうば》の出現を暗示する鬼女《きじょ》の登場

世阿弥時代の謡曲の『山姥』には「山姥とは山に住む鬼女とこそ曲舞《くせまい》にも見えて候へ　鬼女とは女の鬼とや、よし鬼なりとも人なりとも、山に住む女ならばわらは（遊女）が身の上にてはさむらはずや」「姿形《すがたかたち》は人なれども…　軒の瓦の鬼の形…」とあり、鬼が山姥の説話を生む系譜が読み取れる。このことは、次の『今昔物語集』巻二十七の「産女、行南山科値鬼逃語《みなみやましなにゆきおににあひてにげたること》　第十五」にも見ることができる。話のあらすじは次の通りである。

宮仕えをする身寄りのない女が、男たちと関係をして、ついに懐妊してしまった。屋敷の主人にも相談できないので、女は誰にも知られずに子を生もうと決心をして、出産まじかの夜半にこっそりと、召使いの女を伴って屋敷を抜け出した。京の東の山の方向をめざし、山深い、北山科（題は南山科）に古屋敷を見つけ、ここで子を生もうと中に入ると、奥から白髪の老婆が現れる。女が事情を話すと、老婆は深く同情し、女は無事ここで男子を生むことができた。二三日後、女が添寝をして、子に乳を含ませながらウツラウツラとしていると、老婆が「穴甘《あなうま》気《げ》、只一口《ただひとくち》」（この赤ん坊は美味そうだ。一口に食べてしまいたい）と言っているのを聞いてしまった。細目を開けて老婆を見ると、恐ろしげな形相をしている。女は、老婆が昼寝をしているときに、気付かれないように召使いの女に子を背負わせ、「仏、助け給へ」と念じながら、山を降りて人家に助けを求めた。

産まれたばかりの赤ん坊を「穴甘気《あなうまげ》、只一口《ただひとくち》」と狙う鬼女。山姥伝説を想起させる。(*)

この説話には、鬼女の恐ろしい様相は表現されていない。現代の子供が読んでも「あ、そう」の一言で一蹴されてしまうかもしれない。しかし、往時の都を一歩出た山間部は、のちの酒呑童子《しゅてんどうじ》に代表される鬼と化した群盗や、都を追われた不穏分子の巣窟であった。山姥説話の多くが、美しい女に化身して現れることを考えると、この鬼女に、遊女に身を落した、後世の山岳の民の哀愁も多少うかがわれるように思える。とにかく、都人にとって、山の世界はまさに「鬼」の住み処であったといえよう。

『更級日記』には、足柄山の宿泊で、遊女が美声で唄う様子の記述がある。…「あそび三人、いづくよりともなく出で来たり。髪いと長く、ひたひいとよくかゝりて、色白くきたなげなくて…さばかり恐ろしげなる山中に…」。これも怪しい魅力の山姥を想起させる。

鬼となり自分の子を喰おうとした老母

前項で老婆に変身した鬼が赤ん坊を喰おうとする説話を紹介したが、もう一つ鬼と化した老婆の話を紹介しよう。『今昔物語』巻二十七の「猟師の母、成鬼擬噉子語《おにとなりてこをくらはむとせること》　第廿二」に、老母が鬼となって自分の子供を喰おうとした話がある。あらすじは次の通りである。

昔、ある国の郡に兄弟の猟師がいて、山の木の上に板を置いて、下を通る獣を待ち伏せる狩猟をしていた。ある夜、二人が少し離れた位置で獲物を待っていたところ、暗闇の中から「兄が居《い》たる木の上より、物の手を指下《さしおろ》して、兄が髻《もとどり》を取」る手があり、「兄、奇異《あさまし》と思《おもひ》て髻取《もとどりとり》たる手を捜《さぐ》れば、吉く枯《かれ》て曝《さら》ぼひたる人の手にて有り」。これを見た兄の猟師は、「此れは鬼の我れを噉《くら》はむとて取《とり》て引上《ひきあぐ》るにこそ有《ある》めれと」思い、弟に助けを求めた。弟は刃の鏃《やじり》が二股になっている雁股《かりまた》という矢を放ち、その手首を切り落とした。

二人は、気味が悪いので狩猟をやめ、この手首を持って夜半に家に戻った。すると、立居もままならない老母が呻き苦しんでいる声が聞こえるので、兄弟は駆けつけて火を灯して見ると、持ち帰った手が老母の手にそっくりであった。突然、「母起上《おきあがり》て〈己《おのれ》等は〉と云て」弟が射切った手首を取ろうとするので、兄弟はその手を投げ入れて戸を閉めて遠のいた。ほどなくして老母は死んだので、部屋を覗くと、射切った手首はまさしく老母の手であった。これは母が年老いて鬼に変身し、子を喰おうとして山へついていったのである。

百鬼夜行の項で、年を経て老いたるものの精がついに霊力を持って鬼霊になる「鬼者老物之精也《きはろうぶつのせいなり》…」と解説したが、人も老いて鬼霊に取り憑かれる例といえるかも知れない。この話の恐ろしさは、兄弟たちがいつの日からか、鬼となった母と一緒に暮らしてきたという、日常ゆえの怖さである。子にとって母はもっとも信頼すべき存在であり、母にとって子はもっとも愛すべき存在であるという人間社会の根本的な構造が逆転して破壊される怖さである。

この鬼の片腕が切り落されるというストーリーは、一条戻橋で渡辺《わたなべの》綱《つな》が美女に化けた鬼の片腕を落し、鬼が伯母に変身して、自分の腕を取り返すという武勇伝（『平家物語』「剣の巻」）に踏襲される。

老婆は鬼気迫る要素が強いのであろうか。古来より鬼婆の話は多いが、鬼爺の話は聞かない。というよりも、忍従する立場にいたのは、常に女性であったということである。その女たちの妄執や愛執が、沸点に達して鬼霊となるということであろう。

そして、この鬼と化した老婆の話は、後に山姥の説話として発展していくのである。

鬼と化した老婆はやがて山姥説話となる。（＊）

生きながら鬼となった愛執《あいしゅう》の女

古来より鬼は死者を冥界《めいかい》に導く使者であり、人を喰らう地獄の獄卒《ごくそつ》として恐れられ、現世に属する存在ではなかった。それが百鬼夜行《ひゃっきやぎょう》の登場で、使い古された器物まで霊が宿るとされ、廃棄された怨念が鬼霊となって実在化するようになっていった。その背後には、冥界に通じ、鬼門を祓《はら》う陰陽道《おんようどう》を巧みに利用し、敵対する勢力を排除してきた藤原氏のしたたかな政治力があったことは確かである。敵対する勢力は、鬼として政権外に追いやられ、鬼の仕業として葬りさられた者も多くあったであろう。権力者はつねに人智を越える存在を政治の道具とし、形のない有効な武器としてきたといえる。

そのような時代に、女性も同様、政治の道具として機能していた。敵対する勢力の最も有効な懐柔手段として、多くの女性が政略結婚の形で利用された。幸福に生涯を終えた女性も多くいたであろうが、女性は家に束縛される忍従の環境にあったといってよい。このような中で、嫉妬に燃えた女の執念が鬼の心になっていく説話が登場してくる。つまり、死んで鬼になるのではなく、生きながら愛執の鬼に変身するわけである。

屋代本『平家物語・剣巻』に、平安時代の嵯峨天皇の治世のとき、女が丑の刻参りで鬼になったという話がある。その原文を引用すると次の通りである。

嵯峨天皇御時或《ある》公卿の娘余《あまり》に物を妬《そね》みて貴船大明神に詣て七日籠《こもり》て祈けるは願はくは乍生《いきながら》鬼に成し給へ。妬ましと思はん女を取害さんとぞ申ける。示現に云く、鬼に成り度《たく》は姿を作り替て宇治の河瀬に行て三七日浸るべし。さらば鬼と成べしと示現あり。女房が悦で都へ帰つつ人も無所《なきところ》に立入て長《たけ》なる髪を五に分て松やね《脂》をぬり巻上《まきあげ》て五の角を作《つくり》けり。面《おもて》には朱をさし、身には丹をぬり、頭には金輪を頂て、続松《たいまつ》三把に火を付て中を口にくはへて、夜深《ふかく》人閑《しずまつ》て後《のち》大和大路へ走出て南を指て行ければ、頭より五のほむら燃あかる。自ら是に行合たる者は肝《きも》心を失ひ、倒臥死入らすと云事なし。かくして宇治の河瀬に行て三七日浸りたりければ、貴船大明神の御計《おんはからい》にて彼女乍生《いきながら》鬼と成ぬ。又宇治の橋姫とも是を云とぞ承《うけたまわ》る。

要約すると次の通りである。嵯峨天皇の御代であるが、ある公卿の娘がたいへん嫉妬深い性格で、何か人を呪う願い事があって、貴船大明神に参詣して、どうぞ私を生きながら鬼にしてくださいと七日間参籠した。すると大明神のお告げがあって、生きながら鬼になりたければ、宇治川に行って（三・七）二十一日間水籠《みずごり》をとって祈れば鬼になれるという声が聞こえ、その方法を教えてくれた。そこで女は都に戻ってから、人に見られないように長い黒髪を五つに分けて、髪油のかわりに松脂《まつやに》で固めて角のようにし、顔には紅を塗り、身体にも朱を塗って、頭には五徳の金輪をのせて二本の松明をつけ、一本を口にくわえて、夜更けに人通りの絶えた都大路を走って南へくだった。その頭からは嫉妬で燃えたつ五つの松明の炎がふき流れた。たまたまそこを通行する人は、この異形の姿に気を失うほど驚き倒れ臥すほどであった。女はそのまま宇治の河瀬に浸って二十一日間水籠を続けたところ、貴船大明神が願いを聞き入れてくれたのか、女は生きながら鬼となった。宇治の橋姫とは、このことをいう。

この話は『古今為家抄』にも同様に記されているが、嫉妬深いので夫に捨てられた女とされている。そして、のちには、この話が宇治の橋姫伝説となり、宇治では、橋姫は嫉妬深いので、女性が嫁入りの時には宇治橋を渡ってはならないという俗信が伝わる。屋代本『平家物語・剣巻』では、この鬼女が羅城門《らじょうもん》に棲んで、渡辺綱《わたなべのつな》に腕を斬られた話になっている。

この話は謡曲『鉄輪《かなわ》』の作品にもなっており、往時の女性の置かれた立場と、その揺れ動く心情が見事に表現されている。冒頭の「蜘《くも》の家《いえ》に荒れたる駒《こま》は繋《つな》ぐとも、二道《ふたみち》かくる徒人《あだびと》を、頼まじとこそ思ひしに、人の偽《いつわ》り末《すえ》知らで、契《ちぎ》り初《そ》めけん悔《く》やしさも、ただわれからの心なり」（蜘蛛の巣で荒馬をつなぎとめることはできても、二人の女へ通う浮気男の心を引き止めることはできないし、そんな男の言葉をあてにはできないとわかっていたのに、男心の偽りの際限のないことも知らないで、契ってしまったことが悔やまれるが、それもみな自分の心が決めたことなのだ）には、ひたすら待つ女の哀切が表現され、男の裏切り、心変わりに女の嫉妬心が爆発する序章となっている。そして貴船大明神の示現により恨みの鬼となった女は、新しい妻を迎えた男を殺しに行く。「われに憂《う》かりし人びとに、たちまち報ひを見すべきなり」「炎《ほのお》の赤き、鬼となって、臥したる男《おとこ》の、枕に寄り添ひ、いかに殿御《とのご》よ、珍らしや」と迫る。しかし、すぐ「恨めしやおん身と契りしその時は、玉椿《たまつばき》の八千代《やちよ》、ふた葉《ば》の松の末かけて、変はらじとこそ思ひしに、などしも捨ては果て給ふぞや、あら恨めしや」と一転して未練のセリフとなる。すでに、鬼心となっていながら、鬼になりきれずに去ってゆく王朝期の女の悲哀がここにはある。

貴船大明神の示現で生きながら鬼となって都大路を疾走する妄執の女。(＊)

般若《はんにゃ》が鬼女の呼称となった理由とは

前項で愛執により鬼女となった話をいくつか収めたが、中世の謡曲ではあるが、般若面＝鬼女のいわれとなる話があるので紹介しよう。般若という言葉は、最高の智慧《ちえ》をあらわす仏教用語であり、仏法の真理を認識し、悟《さと》りを開くはたらきをいう。『大般若経《だいはんにゃきょう》』は真理と悟りに到る道を説いた仏典の集大成である。では、その崇高な意味をもつ「般若」の二文字が、どうして「鬼女」を意味するようになってしまったのだろうか。

我々が現在目にする般若は、謡曲の舞台で用いられる能面である。これは面打ち般若坊が創作した鬼女の面で、角《つの》をもち、妬《ねた》みや苦しみ、怒りをたたえる風情を象徴した面である。この謡曲に、『源氏物語』の「葵《あおい》」を題材にとった『葵上』という作品があり、これが鬼女を般若とした端緒といわれる。この物語は、光源氏の愛人である六条の御息所《みやすどころ》が嫉妬に狂い、愛執の生霊《いきりょう》となって、源氏の本妻である葵上に物《もの》の怪《け》となって取り憑《つ》いて、死に到らしめる内容である。

その原文の一部を抜粋し意訳をすると、「さても左大臣のおん息女葵の上のおん物《もの》の怪《け》以《も》つての外《ほか》にござ候ふほどに、貴僧高僧を請《しょお》じ申され大法秘法医療《だいほおひほおいりよお》さまざまのおんことにて候へどもさらにそのしるしなし」と葵の上に取り憑いた悪霊を祓おうと高僧を呼んで加持祈祷《かじきとう》、医術をほどこしたが一向に効き目がなかった。あるとき梓弓の音に惹かれて現れた悪霊に名を問うと、「これは六条の御息所の怨霊なり、…ただいつとなきわが心、ものうき野べの早蕨《さわらび》の、萌え出で初《そ》めし思ひの露、かかる恨みを晴らさんとて、これまで現はれ出でたるなり」（〈光源氏の君の訪れが途絶えるようになったので〉物憂さに閉ざされていった私の心に、いつしか葵上を憎む気持ちが湧いてきて、その堪え難い恨みを晴らすためにでてきたのです）と答える。そして、物の怪と化した六条の御息所の生霊を祓うため、横川の小聖が呼ばれ、密教の五大尊明王の助力を求める呪文が唱えられる。するとその効力で、六条の御息所の生霊は「あらあら恐ろしの、般若声《はんにゃごえ》や。これまでぞ怨霊、この後またも来るまじ」と叫んで、悪鬼の心が消えていく。

般若の図。鳥山石燕『百鬼夜行』

　この六条の御息所の生霊が叫ぶ「般若声」より、裏切りの愛に対して、嫉妬と未練をないまぜにした情念に支配され、復讐の鬼に変貌する女が「鬼面の般若」となったのである。

　『梁塵《りょうじん》秘抄《ひしょう》』（後白河法皇編の今様歌謡集）にも、「我をたのめて来ぬ男　角三つ生ひたる鬼になれ　さて人に疎まれよ　霜雪霰ふる　水田の鳥となれ…」との俗謡がある。

愛憎《あいぞう》の鬼心から蛇《へび》となった道成寺の女

前項の二話で、愛憎から生きながらに鬼女、鬼心となった女の物語を述べたが、ここでは男の裏切りによって鬼心となり、蛇に変身して男に復讐をする女の話を紹介しよう。『今昔物語集』（巻十四）「紀伊国道成寺僧、写法花救蛇語　第三」がそれである。鬼に変身したわけではないが、この蛇に変身した女の心は明らかに鬼心といえるものなので紹介したい。話のすじがきは次の通りである。

熊野三山に参詣にいく老人と年若の二人の僧がいて、その途上、牟婁の郡である一軒家に泊めてもらう。そこの家の若い女主人が、年若の美麗な僧に深い愛欲を感じ、夜半にその僧の寝ているところに忍び入り、ぜひ自分の夫になってほしいと誘惑するが、男はその誘いに乗らず、その場しのぎに、熊野参詣にいった帰りに寄るので三日ほど待ってほしい。そのあかつきには貴方の意に従おうといって、熊野に向かう。女は、年若の僧の言葉を信じて待つが、約束の日になっても男が来ないので、騙されたことを悟り、部屋に籠って死んでしまう。女の家の召使いがこれを悲しんでいると、女の部屋から大きな毒蛇が現れ、男を捜しに熊野への参詣の道の方向に走っていった。

この話を聞いた二人の僧は道成寺に逃げ込み、寺の僧は年若い僧を鐘の中に匿《かくま》う。そこに女が変身した大蛇が現れる。「尾を以て扉を叩く事百度許《ばかり》也。遂に扉を叩き破《やぶり》て、蛇《じゃ》、入《いり》ぬ、鐘を巻て、尾を以て龍頭《りうず》を叩く事、二時《ふたとき》三時《みとき》許《ばかり》也。…大鐘《おほきなるかね》、蛇の毒熱の気に被焼《やかれ》て炎盛《さかり》也、敢て不可近付《ちかづくべから》ず。然れば、水を懸て鐘を

深い愛執から大蛇に変身した女が、僧が隠れている鐘を炎で焼き尽くす。李冠充賢『怪物画本』。
謡曲の『道成寺』、能や浄瑠璃、歌舞伎の安珍清姫の物語としても有名である。

冷して、鐘を取去《とりさり》て僧を見れば、僧、皆、焼失《やけうせ》て、骸骨尚不残《なほのこら》ず、纔《わづか》に灰許《ばか》り有り」となる。そののち、道成寺の老僧の夢に、焼かれた僧と大蛇となった女が現れて法華経で供養してほしいという。老僧は早速に法会を修して、二人を弔うとたちまち天上に昇って成仏したという話である。

説話の世界では、愛の成就を果たせず、また、男の裏切りのために、深い愛執と愛怨の鬼心となって蛇に変身して復讐鬼となるストーリーが多いが、それらの女たちは復讐心から男の死を望むというよりは、男を殺すことによって自らのものとし、自分の愛を成就させようとする羞恥にも似た愛の構図も見える。

人肉を喰らう鬼と化した女の話

『日本紀略』村上天皇の天徳二年（九五八）閏十月九日戊午の項に人肉を喰らう凄惨な事項が記されている。そこには「有㆓狂女㆒於㆓門前㆒取㆓死人頭㆒食㆑之　此後往々臥㆓諸門㆒之病者乍㆑生被㆑食世以為㆓女鬼㆒云云」とある。

村上天皇の時代に、気の狂った女が、ある屋敷の門前にうち捨てられていた死人の頭を取って喰っていたという話である。これは鬼そのものに変身した話ではないが、地獄の鬼の獄卒《ごくそつ》が人肉を喰らうイメージにつながった説話である。このような記述は『病草子』にもある。極貧の家では、回復の見込みのない病人が、食料確保のため、路傍に遺棄されたこともあったのである。最下層の人々が貧困と飢餓に苦しんだ歴史の暗部である。

同様の話は江戸時代にもある。西村白鳥の『煙霞奇談』（安永二年〈一七七三〉）に「去享保中、西三河中村にて、小児相果《あいはて》葬所へ送りて既に火をかけしが、其伯母一人跡見届のためとて残り居て、かの骸を火より取出し喰《くらい》たり。…数十人棒を持、葬所へ行しに、かの女凄兢《すさまじき》顔付となり、人のうへを飛越山へ入行方《ゆくへ》しれず。…其悪霊を弔ひ法名を授く。鬼誉妙転と号す」とある。この説話は菊岡沾涼の『諸国里人談』（寛保三年〈一七四三〉）にも記されている。太田南畝の『半日閑話』（巻十五）には、江戸の紀州屋敷門前で正体不明の女が門番を喰い殺した話が記されている。

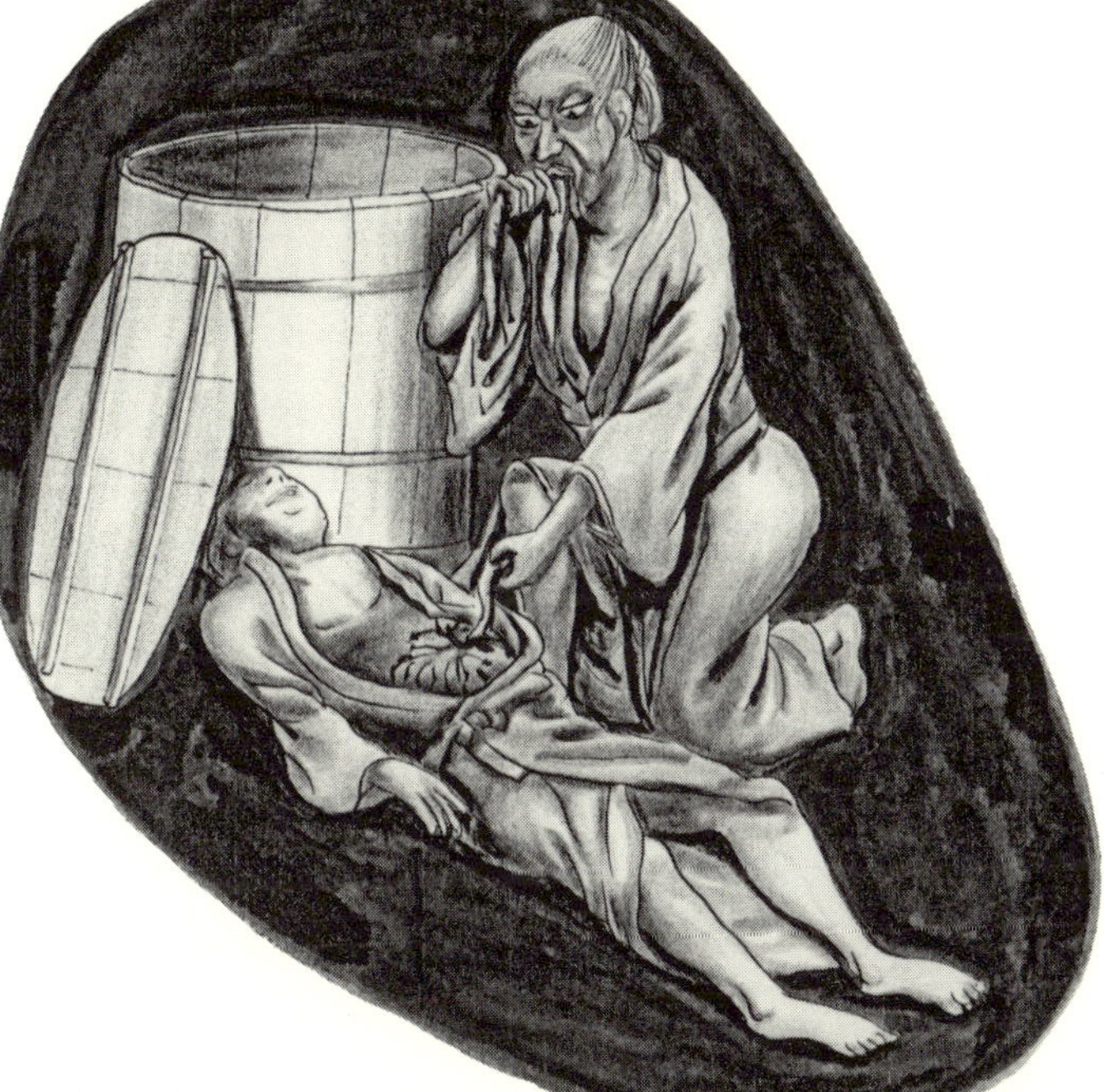

鬼女と化し屍肉を喰らう女。（＊）

また、肥前平戸の藩主松浦静山の『甲子夜話』（巻五十一。文政四年〈一八二一〉より起稿）にも狂気で鬼となった女が死人を喰らう話がある。「房州農夫の妻鬼となりたるが、ふと夫を喰殺して出奔し、相州に渡り、小坪の光明寺辺にて、大に人家を驚かし、後は墓地にゆき、墓を発《あば》き死者を三人まで喰ひ、…薄暮より暁天に到て、狂婦は何づ方へゆきたる」とある。

このような情景は『地獄草紙』や『病草子』に描かれているが、それらは鬼と化した女がほとんどで、一方、男の鬼話譚は、殺人強盗をする凶悪な男鬼の話である。

子どもを喰らう片輪車《かたわぐるま》の鬼

山東京伝の『善知安方《うとうやすかた》忠《ちゅう》義《ぎ》伝《でん》』に、『宇治拾遺物語』に題材をとった子どもを狙って襲う平安時代の鬼の話があるので紹介しよう。あらすじは次の通りである。

藤原輔相《すけみ》こと藤六《とうろく》の妻の綱手《つなで》が、ゆえあって一条桟敷屋《いちじょうさんじきや》というところに身をよせていた。その頃洛中では、よく妖怪が現れてさまざまな異変が起きていた。老若男女《ろうにゃくなんにょ》の別なく襲われたが、なかでも子どもが襲われることが多く、嘆き悲しむ人の声が絶えなかった。ある深夜、綱手が添寝をして子に乳をあげていると、外の大路を車の軋《きし》る音がするので、怪しいと思って窓から外を覗きみると、片輪のない車が近づいてきて「金襴纐纈《きんらんかうけつ》を身《み》にまとひ、紅《くれなゐ》の袴《はかま》をはき、緑《みどり》の黒髪《くろかみ》をふり乱《みだ》し、太眉《ふとまゆ》にかねくろなる上臈《じょうろう》」が乗っていた。綱手を見つけた鬼と化した上臈は「妾《わらは》を見《み》んより汝《なんぢ》が子《こ》を見《み》よ」というので、我が子の寝ているところを見ると、子がいなくなっていた。大路の方より我が子の泣く声がするので、外を見ると、上臈が我が子をさかさまに吊るし下げていた。綱手が「罪科《つみとが》は我《われ》にこそあれ小車《をぐるま》のやるかたわかぬ子《こ》をばかへしそ」と詠み嘆くと、鬼と化した上臈は「歌《うた》の意《こころ》はきこえたれど、妾《わらは》今宵《こよひ》はいまだ食料《しょくれう》をもとめず、いと飢《うへ》たれば、かへがたし」といって、子どもを絞め殺し、手足をぼきぼきと折って食べてしまった。それを見た綱手は狂気して、七日ほどで狂い死にしたという。世の人はこれを片輪車の鬼とも、一条桟敷屋の鬼とも呼んだ。『善知安方忠義伝』では、蝦蟇《がま》の妖怪が多くの鬼神を使って、世を乱そうとする企みとしている。

京一条桟敷屋
片輪車の鬼。
小児をとりくらふ。
藤六が妻かなしみて。
歌を詠ぞ

〔図中の文章〕京 一条 桟敷屋《きやういちじやうさんじきや》、片輪車《かたわぐるま》の鬼、小児《しやうに》をとりくらふ。藤六《とうろく》が妻かなしみて、歌を詠《えい》ず。『善知安方忠義伝』歌川豊国画

○片輪車怪
暗夜街をめぐり
小児をとりて
鮮血をすふ吐息ほのほをはしらす
来去の所をしらず

〔図中の文章〕片輪車《かたわぐるま》の怪《くわい》、暗夜街《あんやちまた》をめぐり、小児《しやうに》をとりて鮮血《せんけつ》をすふ。吐息《とそく》ほのほをはしらす。来去《らいきよ》の所《ところ》をしらず。『善知安方忠義伝』歌川豊国画

火車《ひのくるま》に乗って迎えに来る地獄の鬼

前項で、子どもを喰らう火焔の片輪車の鬼について述べたので、ここでは死者を迎えにくる地獄の獄卒《ごくそつ》の鬼が乗る「火車」を紹介しよう。『宇治拾遺物語』（五十五）「薬師寺別当事　巻四の三」に、薬師寺の僧都が臨終のときに、極楽からの迎えを待っていたとき、地獄からの迎えの火車が来て、大騒ぎになるという昔話がある。読みやすい文章なので、その原文の一部を次に記す。

極楽のむかへ、いますらんと待たるゝに、極楽の迎へは見えずして、火の車を寄す。「こはなんぞ。かくは思はず。何の罪によりて、地獄の迎はむきたるぞ」といひつれば、車につきたる鬼共のいふ様、「此寺の物を一年《ひととせ》、五斗かりて、いまだかへさねば、その罪によりて、此《この》むかへは得たる也」といひつれば、我いひつるは、「さばかりの罪にては、地獄におつべきやうなし。その物を返してん」といへば、火車《ひのくるま》をよせて待つなり。されば、とく〳〵一石誦経にせよといひければ、弟子ども、手まどひをして、いふま、に誦経にしつ。その鐘のこゑのする折、火車かへりぬ。さて、とばかりありて、「火の車はかへりて、極楽のむかへ、今なんおはする」と、手をすりて悦つ、終りにけり。

この薬師寺の僧都は、五斗の米を返済して、弟子が誦経してくれたので、無事に極楽へ旅立つことができたという話である。このことから、往時の社会では、人が死ぬと、生前に悪業をした者は貴賤にかかわらず、地獄から火焔に包まれた火車に乗って鬼が迎えに来ると信じていた様子がわかる。

この話は、地獄、極楽を説いた仏法布教説話の一つといえるが、この「火車」については江戸時代になってもさまざまな説話として語られている。天保四年（一八三三）の茅原定『茅窓漫録』にも記されているので次に示す。

西国雲州薩州の辺、又は東国にも間々《まま》ある事にて、葬送のとき俄《にわか》に大風雨ありて往来人を吹倒程の烈しきとき、葬棺を吹飛す事あり。其時守護の僧数珠《じゆず》を投かくれば異事なし。若左なきときは葬棺を吹飛し、其尸《かばね》を失ふことあり。是を火車《ひのくるま》に捉《とられ》れたるとて大に恐れ恥るなり。愚俗の言伝に其人涯に悪事を多くせし罪により地獄の火車が迎ひに来りしといふ。後に其尸《かばね》を引裂き山中の樹枝、又は岩頭などに掛置く事あり。

極楽浄土に導かれていく死者。江戸時代の『往生要集』

次に、ここに掲載した地獄の使者である火車と、極楽に導かれていく死者の対比を図で見ていただきたい。

鳥山石燕『百鬼夜行』に描かれた火車。ここでは、鬼に似た妖怪が火の車ももたずに死人をさらっていく図に表現されている。

江戸時代の『往生要集』に描かれた地獄の閻魔大王と、連れてこられて審判を受ける死者。ここに描かれた鬼のほうが、火車に乗ってくる鬼のイメージに近い。

◆鬼語辞典［2］

鬼の霍乱《かくらん》
普段は極めて丈夫な人が思い掛けなく病気になることのたとえ。

鬼の起請《きしょう》
文字は稚拙だが筆に勢いのあること。起請文は神仏に誓いを掛け、これを破った時は神仏の罰をこうむる旨を記した誓紙であり、筆に勢いのある文字が良しとされた。

鬼の首を取ったよう
他人から見ればさほどのことでないのに、本人が大手柄を立てたように有頂天になって喜ぶことのたとえ。

鬼の空念仏《からねんぶつ》
鬼が法衣を着て念仏を唱えることから、無慈悲な者がうわべだけ慈悲をよそおうことのたとえ。大津絵の画題の一つとなっている。

鬼の一口《ひとくち》
①鬼に一口で食われることで、非常に危険な事に遭遇するたとえ。②鬼が一口で食べるほどに容易であることのたとえ。

鬼の人食《ひとく》らわず
鬼が私は人を食べませんというようなもので、まったく信用ができないことのたとえ。

鬼の目にも涙
冷酷非情な鬼も時には情けが通じて涙を流すこともあるだろうとのことから、普段冷酷な人がめずらしく優しい態度をとることのたとえ。

鬼も笑顔
怖い形相の鬼でも笑うと愛嬌があるとし、人も容貌に限らず笑顔を見せている方が良いとのたとえ。

鬼も十八番茶《ばんちゃ》も出花《でばな》
摘み残しでつくった番茶でも入れ立てはかおりがよい。同じようにどんな容貌の女でも、年頃になると不思議に女らしい魅力が出るという意。

鬼も角折《つのお》る
鬼が角を折るように、凶悪な人が改心して善人になったり、自分の考えを固辞している人が、態度を一変させること。

鬼を一車《いっしゃ》に載《の》す
鬼と同じ車に乗ることで、たいへんに危険なことのたとえ。

鬼を酢《す》に指《さ》して食《く》う
鬼さへも酢に和えて食うほどに、物事に怖れず豪胆であることのたとえ。

🅓**鬼語辞典**［1］（一三一ページ）［3］（一三〇ページ）［4］（一五〇ページ）

動乱期の鬼

変質してゆく鬼の相貌

平安時代後半から鎌倉時代への動乱期になると、人々の鬼へのイメージは明らかに変化していく。平安時代に藤原摂関家が陰陽道《おんようどう》を巧みにあやつり、鬼の仕業のもとに行ったさまざまな粛清《しゅくせい》は過去のものとなり、実在のものとして人々の精神世界に跳梁跋扈《ちょうりょうばっこ》した百鬼夜行《ひゃっきやぎょう》は生死にかかわる恐怖感をともなったものではなく、ゆるやかに物語化していく。その意味で『日本霊異記』や『今昔物語集』、『宇治拾遺物語』などに昔の説話として記述された平安時代の鬼の本質は異界の鬼たちといえる。平安時代の説話は、異界の鬼を媒介として、政治と社会、宗教、生活の実存性が渾然一体となってエネルギーを表出した世界といえよう。

そして、平安末期から鎌倉時代にかけての動乱期に、鬼はより明確に二つの相貌をもつようになる。一つは鬼の誕生より一貫している異界の鬼である。すなわち地獄の獄卒《ごくそつ》としての仏教系の鬼であり、地霊や祖霊など日本古来の神道世界を系譜とする山岳系の鬼である。もう一つは人間界の鬼である。それは大和朝廷が服従をしない勢力を「邪神《あしきかみ》」や「姦鬼《かしましきおに》」と悪名を付けて排斥したごとく、権力闘争に破れた反体制者や盗賊、賎民など社会のアウトサイダーたちである。さらには、愛執《あいしゅう》や妄執《もうしゅう》、怨恨《えんこん》や忿怒《ふんぬ》など、現世の人間への復讐を達成するために鬼への変身を願望した者たちである。とりわけ、前章「奈良・平安時代の鬼」の後半で紹介した、鬼女に変身することによってのみでしか、復讐と愛執のカタルシスを得られなかった王朝期から中世に生きた女たちの破滅型の精神には壮絶なものがある。

平安から鎌倉への動乱期であるこの時代のアウトサイダーの鬼たちの特徴は、権力と対峙《たいじ》する戦乱の世の申し子ならぬ申し鬼といえる存在として登場することである。なぜなら、江戸時代の太平の世になると、アウトサイダーの鬼たちは、幕府の絶対的な権力によって封印されてしまい、潜むべき山岳にもその栖《すみか》を失い、年中行事に放逐《ほうちく》される哀れな存在としてのみ登場するようになるからである。

ここではまず、中世の動乱により疲弊した庶民を象徴するような餓鬼と醜女の鬼を取り上げ、つづいてアウトサイダーの鬼たちを取り上げたい。この動乱の時代には、凶悪な盗賊は鬼と呼ばれるようになる。平安時代には、夜半、旅人を襲い、住人を脅かすのは、百鬼夜行の仕業とされたが、摂関家による支配が弱体化して社会が不穏になってくると、京洛を横行する盗賊集団も、都周辺の山岳を栖《すみか》とする人間界の鬼の集団と恐れるようになっていった。そして、鈴鹿山の鬼退治や、大江山の鬼退治などの、新しい説話が登場する。

源頼光と四天王による大江山の鬼退治は、京都近郊の治安を守ろうとする朝廷の討伐命令であり、朝廷にとっては、都を脅かす「姦鬼《かしましきおに》」であったのである。この時代以降は、長い王朝支配から武家政権へ移行する動乱の時代であり、爛熟から頽廃へと向かう中で、藤原一族の摂関家を主とした王朝支配によって排斥された者たちの鬱積した不満は充満し、ついには都の内外で炸裂していくのである。その意味で大江山の鬼退治は、新しい武家勢力の台頭と、国内の騒乱を予感させる説話といってよい。また、大江山の酒呑童子《しゅてんどうじ》の「童子」の意味するところは、古来より神職に奉仕する雑役の徒であり、そこには、仏教系の鬼に排斥されていく、山岳系の鬼をも巻き込んだ時代の潮流がある。

餓鬼《がき》、醜女《しこめ》は中世庶民の鬼としての相貌《そうぼう》である

鎌倉時代初期の『餓鬼草紙《がきぞうし》』には「正法念処経」所説のさまざまな餓鬼が描かれている。その姿は一様に栄養失調のため、手足は細り、そのため頭部は大きく見え、眼は窪んで大きく見開いて見え、腹部のみが蜘蛛のようにふくれた醜怪な姿で、市中や荒野を徘徊して、人の遺棄した汚物や排泄物を摂取するというような、まさに生地獄の様相が描かれている。今日から見れば、想像もできないような光景であるが、現代でもアフリカの飢餓に苦しむ人々の惨状はそれに近いものもあり、往時の動乱期の日本の庶民の生活は決して誇張ではないほどに悲惨であったともいえる。

餓鬼は仏教でいう六道《ろくどう》（地獄・餓鬼・畜生・修羅・人間・天）の一つの餓鬼道に堕とされた者であり、生前に福徳のない者で、ここではつねに飢えと渇きに苦しみ、たまたま食物や水を得てもこれを摂ろうとするとたちまち炎となってしまうのである。今日でもお盆のときなどに行われる仏教の施餓鬼《せがき》供養とは、仏の功徳によって、このときだけ餓鬼は飲食ができるという行事である。

『餓鬼草紙』には、十の餓鬼が描かれている。淫楽・美食・遊宴に耽《ふけ》る人々に忍び寄る「欲色《よくじき》餓鬼」、自分の嬰児《えいじ》を殺された怨念で夜叉となって他人の嬰児を殺そうとする「伺嬰児便《しえいじべん》餓鬼」、僧侶に不浄な物を施した者が死後に糞尿しか食えないことになる「伺便《しべん》餓鬼」、同様に糞尿を食べる「食糞《じきふん》餓鬼」、病者の食事を奪った者が屍肉《しにく》を漁《あさ》ることになる「疾行《しっこう》餓鬼」、山野での盗賊が鷹や野鳥に苦しめられる「曠野《こうや》餓鬼」、罪人を

無惨に苦しめた者が火を食わされる「食火炭《じきかたん》餓鬼」、仏前の供物を盗む者が熱灰や熱土を食わされる「塚間住食熱灰土《じきねつかいど》餓鬼」、自分だけ美食をしたものが口に杖を差し込まれて吐きだす「食吐《じきと》餓鬼」、水増しして酒を売った者が堕ちる「食水《じきすい》餓鬼」などで、人間の飽くなき欲望によって地獄に堕とされて飢えて怨霊となった鬼たちである。

一方、醜女は黄泉《よみ》にいる女の鬼で、『日本書紀』（巻一）に、伊奘冉尊《いざなみのみこと》の死体に群がっている「泉津《よもつ》醜女《しこめ》」として現れている。日本で最初の国語辞書といわれる『倭名類聚鈔』には、「鬼神部」に「醜女 日本紀云醜女、或説云　黄泉之鬼也」とある。万葉集』（巻四・七二七）には、「忘れ草わが下紐に着けたれど醜《しこ》の醜草《しこくさ》（鬼乃志許草）言《こと》にしありけり」とあり、漢字表記では「鬼」の字をあてている。「醜」は「鬼」と同義的に用いられていたといえる。

餓鬼（右）と醜女（左）。ともに怨霊となった地獄の鬼の一種である。（＊）

大江山の鬼、酒呑童子《しゅてんどうじ》は史実か伝説か

平安から鎌倉時代への動乱期に、京洛には多くの盗賊や強盗が出没して人々を脅かした。彼らは大江山を主とする周辺の山岳を栖《すみか》とし、京洛を出入りする旅人や街道沿いの住民を頻繁に襲った。この盗賊や強盗が鬼に擬せられて、土地の伝承などと結びついたものが鬼人の酒呑童子（酒顚童子）であり、大江山の鬼たちである。その伝承が『大江山絵詞』や『仁和寺絵目録』の「頼光絵」、室町時代の作とされる謡曲『大江山』、御伽草子『酒呑童子』の作品として成立し、往時の人々にとっては、ゆるぎのない史実として定着した。京洛やその周辺に住む人々にとって、大江山の盗賊団はまさに鬼そのものの軍団であったのである。

この説話の原型の手がかりの一つとして、慈延（江戸時代末期の僧）は『隣女唔言《りんじょごげん》』に、『陽明家目録』の承暦元年（一〇七七。白河天皇の時代）庚寅二月の項の次の記述を引用しているので紹介しよう。「渡辺舎人綱《わたなべのとねりつな》　酒(坂)田靫負公時《さかたのゆげいきんとき》　碓井荒次郎貞光《うすゐあらじろうさだみつ》　卜部六郎季武《うらべのろくろうすえたけ》」と前文にあり、続いて「源朝臣頼光《みなもとのあそんよりみつ》　蒙㆓勅令㆒《ちょくれいをこうむり》　近日発行㆓丹州大江山㆒《きんじつたんしゅうおおえやまにはっこうす》　早討㆓朝敵㆒欲㆑令㆑帰㆑洛而已《はやくちょうてきをうちてらくにかえらしめんとほっするのみ》　宣㆓願執達㆒候《よろしくねがいをしったつすべくそうろう》」とあり、次に「源頼光公　平井保昌殿」と宛名が記され、最後に「右、同道にて御出、程なく御退散、御用向極御穏密にて不㆑可㆑知、右両人亦帰御礼、臣等旅中之有様願之通山伏之装束免許」とある。慈延はこれをもって、その後の謡曲『大江山』、御伽草子『酒呑童子』などの大江山の鬼退治の説話発生の手がかりとしている。

この内容を見ると、朝敵を討てとの命令文であり、征伐すべき相手は鬼ではないが、このことからも京洛

六段本『四天王関所破り』に描かれた大江山の酒呑童子退治。

の周辺には盗賊が出没して人々を脅《おびや》かしていたことがうかがわれ、大江山には強力な盗賊の栖《すみか》があったと思われる。江戸時代の冢田虎の『随意録』にも、陽明家（近衛家）の記録に大江山の朝敵退治の記述があったという指摘があり、大江山に籠った反逆者もしくは盗賊団退治の事件があったことは確かのようである。

前述の『陽明家目録』の記述の信憑性は不明であるが、平安時代の陰陽道《おんようどう》では、京洛の四辺の国境の「和邇」「逢坂」「大枝（大江山）」「山崎」は、交通の要衝であるとともに、京洛に鬼（疾病の癘鬼《れいき》）の侵入を防ぐ重要な場所とされた。陰陽道や修験道《しゅげんどう》では、癘鬼は鬼そのものであったから、大江山に潜む盗賊団も鬼と見なされ、人々は地獄の獄卒《ごくそつ》の鬼のイメージを盗賊団に重ねたのである。『大江山絵詞』や上図など後世のさまざまな大江山の酒呑童子にまつわる図像は、そのことを想像力豊かに物語っている。

御伽草子に描かれる酒呑童子《しゅてんどうじ》の物語

大江山の盗賊については『今昔物語集』（巻二十九）「具妻行丹波国男《めをぐしてたんばのくににきしおとこ》、於大江山被縛語《おほえやまにしてしばられたること》　第廿三」に京に住む男が妻を連れて、妻の出身地である丹波国に向かう途中の大江山の山中で盗賊に襲われ、目の前で妻を犯される話がある。「然《しか》れば男も着《きる》物を脱《ぬぎ》て、女を掻臥《かきふ》せて二人臥《ふし》ぬ。女云ふ甲斐《かひ》无《な》く男の云ふに随《したがひ》て、本《もと》の男被縛付《しばりつけられ》て見けむに、何許思《いかばかりおもひ》けむ」と淡々とした調子で叙述されている。芥川竜之介が短編『藪の中』の題材にした説話であり、黒沢明監督の映画『羅生門』の原作でもある。この『今昔物語集』の大江山は、現在では丹波ではなく京洛より篠村に向かう途中の老の坂とされている。いずれにしても、大江山は盗賊が跋扈《ばっこ》する危険地帯であった。

大江山の鬼退治の物語は、謡曲『大江山』から御伽草子の『酒呑童子』に結実していく。あらすじは次の通りである。丹波国大江山の鬼神酒呑童子が池田中納言くにたかの美しい一人娘を誘拐する。悲嘆にくれた中納言は内裏《だいり》へ奏聞《そうもん》して助けを求める。これを受けた内裏は源頼光に勅命で救出を命ずる。頼光は、平井《ひらい》保昌《ほうしょう》、渡辺綱《わたなべのつな》、坂田公時《さかたのきんとき》、碓井貞光《うすいさだみつ》、卜部季武《うらべすえたけ》を率いて、八幡神、住吉神、熊野神に起請《きしょう》をかけて誓い、山伏姿となって大江山に向かう。途中の山中で、八幡・住吉・熊野の三神が変身した三人の翁のもてなしを受け、鬼退治に効き目のある「神便鬼毒酒《じんべんきどくのしゅ》」と「星甲《ほしかぶと》」を授けられる。一行は三人の翁の案内で千条岳にいたる。そこですすぎ物をしている一七、八歳の上臈《じょうろう》に出会い、酒呑童子がいる鬼の岩屋の場所を教えられ

酒呑童子の館での酒宴。頼光一行と酒呑童子、誘拐された姫達。『御伽草子』

る。

鬼の岩屋についた頼光たちは、自分たちが役行者《えんのぎょうじゃ》の流れをくむ山伏であると説明をし、酒呑童子に一夜の宿を乞う。首尾よく泊まることのできた頼光たちは、夜に酒宴のもてなしをうける。そこにでてきたのは、血の入った銚子で、頼光は血の入った盃を飲み干し、続いて酒の肴《さかな》としてだされた人の腕《かいな》と股《もも》の料理も食べる。そして頼光は、その返礼として持参した「神便鬼毒酒」を酒呑童子にすすめる。この特別の酒ですっかり上機嫌になった酒呑童子は、自分の最愛の女にも呑ませようと「池田中納言くにたかの姫」と「花園中納言の姫」とを呼ぶ。酔った酒呑童子は、越後の国から比叡山に移り、そこを伝教大師に追われ、この大江山にきたという自分の生い立ちを話しはじめ、いまは、源頼光とその配下の五人の強者《つわもの》だけが気掛かりといって、頼光一行の正体を見破る。

これに対して頼光は、さりげなく釈迦如来の故事を話して、酒呑童子の心をさらに和ませる。そして居並ぶほかの鬼たちにも「神便鬼毒酒」をすすめる。酒呑童子の配下の鬼たちは、酒と歌舞で死人のように酔い臥し、酒呑童子は休むといって奥に部屋に行く。頼光たちは二人の姫の案内で、二丈ばかりの鬼となって臥している酒呑童子に斬りかかる。このとき八幡・住吉・熊野の三神も現れて頼光たちに力を貸す。頼光は首尾よく酒呑童子の首を切り落すが、斬られた童子の首は天に舞い上がって、頼光を襲う。しかし、三神から拝領した「星甲《ほしかぶと》」によって防ぐことができる。こうして鬼たちをことごとく退治した一行は、誘拐された姫たちを助け出して、都に帰り、朝廷から褒美を賜ったという。

ここでは、人を喰らう地獄の獄卒《ごくそつ》の鬼と同様に酒呑童子は描かれている。酒呑童子は希代の盗賊であり、人を喰らう地獄の鬼となっている。ここに、地獄という異界の鬼と人間界の鬼の融合が見られる。そのハイライトシーンを原文で味わってみよう。

童子《どうじ》申されけるやうは、「もたせの御酒《しゆ》のありと聞く。われらも又客僧《きやくそう》達にも御酒ひとつ申さん、それ〳〵」と有ければ「うけ給《たま》はる」と申て、酒《さけ》と名づけて血をしぼり、銚子《てうし》に入て盃そへ、童子が前に置《を》きにける。童子盃取り上《あげ》て、頼光にこそさしにけれ。頼光《よりみつ》盃取り上げてこれもさらりとほされけり。……童子申けるやうは「肴《さかな》はなきか」とありければ、「うけ給はる」と申て、今切りたるとおぼしくて腕《かいな》と股《もゝ》と板《いた》にすへ童子が前に置きにける。童子此よし見るよりも「それこしらへて参らせよ」。「うけ給はる」とて立つ所を、頼光は御覧じて「それがしこしらへ給はらん」と、腰の差添《さしぞへ》するりと抜き、しゝむら四五寸押し切りて舌打ちしてこそ参りけれ。

八幡神、住吉神、熊野神の三神に起請をかけ、釈迦如来の故事を話して酒呑童子の心を和ませるという、この『御伽草子』の話には神仏混合の要素も見られる。

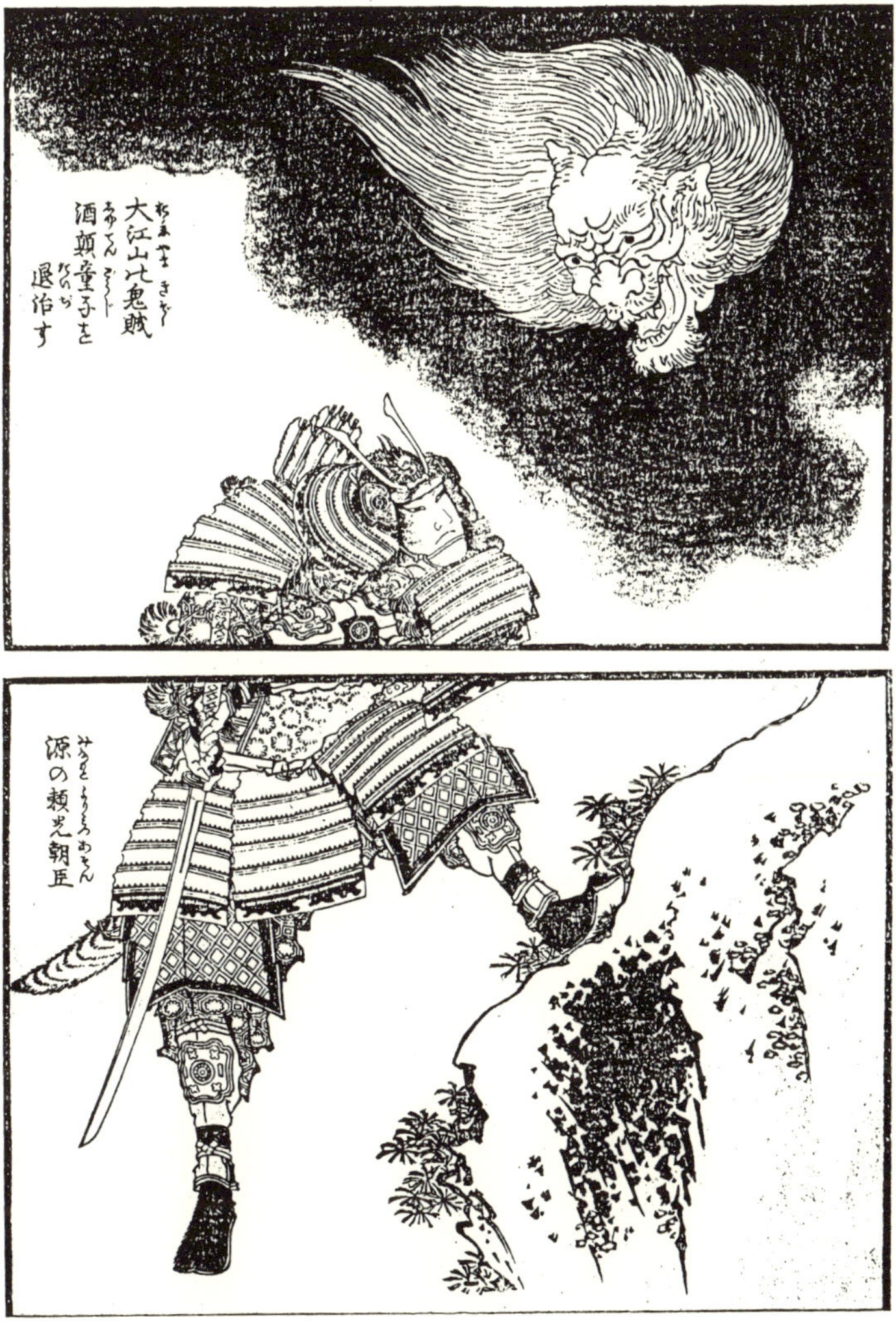

大江山の鬼賊酒呑童子を退治する源頼光朝臣。頼光に切り落された酒呑童子の首は天を舞って頼光を襲うが、八幡神、住吉神、熊野神より拝領した神力のある星甲がそれを防ぐ。葛飾北斎『絵本和漢誉』

酒呑童子《しゅてんどうじ》の「童子」のもつ意味

酒呑童子は子どもでもないのになぜ「童子」なのか。これは素朴な疑問である。一般には、寺に入って未だ剃髪得度《ていはつとくど》していない少年を童子というが、やがて童形をした髪の年輩僧をもいうようになった。「大童《おおわらわ》」という呼称もある。これは、頭髪の髻《もとどり》がほどけてばらばらになった長髪姿をいうが、大人になっても元服《げんぷく》せず、長髪のままで結髪もせず、烏帽子《えぼし》も被らない下層階級の人々の姿であった。

また、「牛飼の童《わらわ》」という呼称がある。貴人の乗る牛車の世話や牛の口取り役をして牛を引き連れる雑役に従事した下層階級の人々である。彼らは老人になっても烏帽子を被らず、髪を後頭部で紐で結んで垂らし髪にし、青い水干《すいかん》（元服前の少年の晴衣）に半袴《はんばかま》姿で、冬でも裸足であった。叡山に輿丁《よてい》として従事する八瀬童子は牛飼の童であり、叡山の祭や儀式には、四方髪《しほうがみ》（髪を四方から掻き上げて束ねる総髪）姿で駕輿《がよ》を舁《かつ》いだ。柳田国男は『鬼の子孫』の中でこの「八瀬童子」にふれて、八瀬の童子は叡山の駕籠舁きとして従事し、年老いても童子とよばれ、肩まで長髪を垂らした童子相応の姿をしていると記している。比叡山西麓に住む八瀬童子はもともと、朝廷の重要な儀式に奉仕した神事にかかわる雑役の民であった。このことから、叡山で仏教に奉仕をする立場となった八瀬童子は、仏教に追われた古来の山の神の系譜ともうかがわれる。

そして、大江山の鬼退治に登場する酒呑童子や茨木童子、星熊童子など、童名で呼ばれる鬼たちは、皆、肩まで髪を垂らした「大童の髪」であった。盗賊や社会から排斥された無頼の徒も皆、結髪をせず髪を垂ら

歴史資料に描かれた髪を垂らす総髪姿の大江山の酒呑童子。（＊）　「童」の古代文字

したただけであった。そのため人々はこれらの盗賊や無頼の徒を童子と卑しんで呼んだのである。

さらに理解を深めるために、語源の面から「童」という文字を考察してみよう。一般に童という文字は幼童（幼い子供）、童謡、童心、童話など、あどけない子どもの心を有するものを表現する文字として使われているが、語源的には、そのような意味はもっていなかった。

「童」という文字は、中国の古代文字では、金文《きんぶん》、篆文《てんぶん》、籀文《ちゅうぶん》では上図のように書く。この象形文字の原義は、目の上に辛（針）で入墨をされた者の意で罪人を表す。『説文解字』にも「奴婢はみな古の罪人なり」とあるように、罪人・奴婢の意に使われていた。あどけない童《わらべ》の意ではない。あどけない子どもを意味するときは、人と交わりができるように人偏をつけて「憧」と書くのが本当である。

一条戻橋《いちじょうもどりばし》の鬼女

源頼光《みなもとのよりみつ》は大江山の鬼退治で酒呑童子《しゅてんどうじ》を討ち取ったが、その配下の四天王の一人渡辺綱《わたなべのつな》が京洛の一条戻橋で美女に化けた鬼の手を切り落とす鬼の説話がある。この話は、同じ渡辺綱が登場する「羅城門の鬼」とともに、今日でもよく知られる鬼の典型的な要素をもつ説話である。屋代本『平家物語・剣巻』に収録されているそのあらすじは次の通りである。

源頼光の家中に渡部《わたなべの》（辺）綱《つな》、坂田公時《さかたのきんとき》、碓井貞光《うすいさだみつ》、卜部季武《うらべすえたけ》の四天王と呼ばれる豪傑がいた。頼光は用事を思いついて、渡辺綱（以下「綱」と略）を一条大宮辺に派遣する。夜陰のため、源氏の名刀髭切丸《ひげきりまる》を携えさせられた綱は騎馬で向かう。用事を済ませた綱が一条戻橋にさしかかると、橋の東詰に若い美貌の女房が南へ向かって歩いていくのを見る。女房は綱を見ると、自分は五条あたりの者です。夜深く怖いので送ってほしいと頼む。綱は橋を東へ渡り、女房を馬に乗せ南へ送ろうと馬を歩ませると、実は都の外に住まいがあるといって、都の外に送ってほしいという。綱が「さ承候《うけたまはり》、何《いづ》くにて候とも女房の御渡有し所へ送り奉るべし」と答えると、やがて女房は突然形相を一変させて恐ろしい鬼となって「いさ我行所はあたご山ぞ」というやいなや、綱の髻《もとどり》をつかみ、引っさげて乾《いぬい》（西北）を愛宕山をめざして飛行する。

武勇に心得のある綱は、名刀髭切丸を抜き、空ざまに鬼の腕を切り落とし、北野社の廻廊の屋根にすさまじい勢いで落下する。鬼は片腕を失ったまま愛宕山の方向に飛び去る。綱は髻に取りついている切り落とし

渡辺綱の馬に乗せてもらった女房が突然変身して鬼の正体を現し、綱の髻《もとどり》をつかんで愛宕山へと飛翔する。(＊)

た鬼の片腕を持って頼光の屋敷に戻る。鬼の腕は黒くて土のようであり、白銀のような毛がすきまなく生えていた。これを見た頼光は大いに驚き、奇怪なことなので、陰陽家《おんようけ》の安倍晴明《あべのせいめい》を呼んで占わせると、大凶とのことで、晴明の指示で綱は七日間慎むことになり、鬼の手は櫃に入れて封じられ仁王経が読誦《どくじゅ》されることとなった。

綱が慎んで六日目の夜、綱の宿舎の戸を叩く者があった。「誰」と綱が訊ねると綱の伯母であった。伯母は綱の養母でもあり、綱を心配して上洛して来たという。今は潔斎《けっさい》中なので、明日を過ぎてまた来てほしいというと、伯母はさめざめと泣き繰り言をいうので、綱はしかたなく七日間の潔斎を破って伯母を招き入れる。伯母は、いつふたたびここに来ることができるか知れないので、来し方物語としてぜひ鬼の腕を見せてほしいと綱に頼む。綱は親不孝になるので、こころを許して伯母に見せる。伯母はつくづくと鬼の腕を見ていると、「此は我が手なれば取て行ぞ」というやいなや、恐ろしい鬼の姿となり、屋根の棟の破風《はふ》を蹴破って外に出て、光りながら虚空に消えていった。以降、渡辺の家は破風のない寄棟造りにする習わしとなったという。

この物語は、豪傑が肝試しに鬼と対決し、鬼に勝つストーリーになっている。人々が恐れおののいていた地獄の獄卒《ごくそつ》である無敵ともいう鬼が逃げ去るという点で、時代が武家社会に移行していく背景が見とれる。

これが「一条戻橋の鬼女」のあらすじであるが、同じ渡辺綱が肝試しで鬼の腕を切り落とす内容の謡曲『羅城門』を次の項目で取り上げてみよう。

羅城門《らじょうもん》の鬼退治

前項で記したように、「一条戻橋の鬼女」と同様に鬼の片腕を切り落とす内容の説話がこの「羅城門の鬼退治」である。そのあらすじを次に示し、二つの説話の違いと共通点から鬼の説話としての類型的な要素を考えてみよう。

大江山で、酒呑童子を首領とする鬼の盗賊団を退治した源頼光は、天下が平穏になったので碓井貞光、卜部季武、渡辺綱、酒田公時の四天王を集めて夜に酒宴を開いた。頼光が「この頃都に珍しきことは候はぬか」と聞くと、季武が「この頃都に不思議なることを申し候、九条の羅城門にこそ、鬼神の住んで、暮るれば人の通らぬとこそ申し候へ」と話し、一同、その真意をめぐって論争となる。綱は「土も木もわが大君の国なれば…羅城門は都の南門…たとひ鬼神の住めばとて住ませ置かるべきか、かかる不思議なることをおん申し候ふか」と反論し、その証拠を見に羅城門にでかけることになる。

綱は頼光から羅城門にいったというしるしの金札を請い、それを持って、鎧兜《よろいかぶと》をつけて、先祖伝来の太刀を帯びて馬に乗り、従者も従えず、ただ一騎で二条大路より南へと羅城門に向かう。東寺の前を過ぎ、九条表にでて羅城門が見える位置にくると、急に雨風が激しくなり馬がたちすくんでしまった。綱は馬からおりて羅城門の石段を上り、頼光から賜ったしるしの札を立てて帰ろうとした。するとその時、背後から兜の錣《しころ》をつかんで引き留めるものがあり、綱はついに鬼神が現れたかと、太刀を抜いて斬り付けたが、逆に兜をとられてしまった。鬼は「怒りをなして、持ちたる兜《かぶと》をかっぱと投げ捨て、……両眼月日の、ごとくにて」綱を睨みつける。綱は「王地《おうじ》を犯《おか》す、その天罰《てんばつ》は、免《のが》るまじ」と言い放ち、綱と鬼は太刀と鉄杖で激しくわたりあい、ついに綱は鬼に片腕を切り落とす。鬼は脇築土（土塀の類）に上り、黒雲の彼方に逃れ、綱がそのあとを追ったが、「時節を待ちて、また取るべし」（時節を選んで、今度こそお前を取り殺してやるぞ。自分の片腕を取り返す意も含まれていよう）いう鬼の声が遠く幽《かす》かに聞こえるだけで、鬼は姿を消してしまった。

これが、謡曲『羅城門』のすじがきである。これと前項の「一条戻橋の鬼女」の説話を比較すると、それぞれに違いがあるが、その要素としてみるとある類型的なことがわかる。

①鬼の登場する時刻が夜中であること。②鬼に遭遇する場所は橋（もしくは門、荒屋敷、山）であること。③武者は鬼を打ち負かす秘剣を携えていること。③鬼は女に化けて現れ、男に物を頼むこと。④鬼の腕を切り落とすこと。⑤鬼は奪われた腕を取り戻すために、奪った男の近親者に姿を変えて再び現れること。

この中で鬼が若い女に化け、武者である男にものを頼むという設定は、古代の鬼が、地獄の獄卒《ごくそつ》の恐ろしい様相のままに現れることと比較すると、「深夜―鬼―女―男」という場面設定は、恐ろしい鬼が、突然非力な女に化けるという相反性、豪胆で非情に徹すべき武者の内面に潜む、相手が女ゆえの男性的とも母性的ともいえるものの揺らぎなど、鬼の説話が物語として収斂《しゅうれん》されていった経緯がうかがわれる。いずれにせよ、女に化けた鬼、鬼と化した女、その双方の鬼女の登場はこの時代の一つの特徴である。

渡辺綱によって片腕を切り落とされた羅城（生）門の鬼。葛飾北斎『絵本武蔵鐙』

笛を吹き、詩を吟《ぎん》じる風流《ふうりゅう》な鬼

『十訓抄《じっきんしょう》』（六波羅二臈左衛門入道の撰述とされる説話集。建長四年〈一二五二〉）にある風流な鬼の話を二つほど紹介しよう。これは平安末期から鎌倉時代への動乱期の終焉を告げる説話といえる。一話めは笛の名手の鬼である。原文中には鬼の文字はないが、鬼と考えても良《よ》いので、次にその文章の一部を掲げる。

博雅三位、月のあかりかりける夜、直衣《なほし》にて朱雀門の前にてあそびて終夜笛を吹かれけるに、同様の直衣着たる人の笛吹きければ、誰人ならむと思ふほどにその笛の音、この世にたぐひなくめでたく聞こえければ、あやしくて近寄りて見ければいまだ見ぬ人なりけり。…かくの如く月の夜ごとに行きあひて吹く事夜比になりぬ。彼の人の笛ことにめでたかりければ、試にかれをとりかへて吹きける。世になき程の笛なり。そののちなほ〳〵月の比になれば行きあひて吹きけれども、本の笛（博雅の元用いていた笛）かへしとらむともいはざりければ、ながくかへて止みにけり（取り替えたままになってしまった）。三位うせて後、帝この笛を召して時の笛吹どもにふかせらるれども、その音を吹きあはす人なかりけり（上手に吹きこなす人はいなかった）。

続いて、羅生門で、詩の下句を吟ずる鬼の話の原文を次に掲げる。

都良香《みやこのよしか》羅生門を過ぐとて　気霽風梳新柳髪　と詠じたれば、楼上に声ありて　氷浪洗旧苔鬚　とつけたり。良香菅丞相の御前にて此詩を自賛し申しければ、下の句は鬼の句なりとぞ仰せられける。

簡約すると、都の良香が羅城門を通るときに、あまりにも気候、気分が良いので「すがすがしい気候で、そよぐ風も髪の毛のようにやさしい柳の新緑の枝を梳くように吹いている」と詠じると、羅城門の楼上から「冬の寒さも消え、溶けた氷が鬚のような苔も洗う」と下句をつける声がした。良香が詩の名人である菅原道真の前でこの詩を披露すると、下の句は「旧苔鬚」とするのは適当でない。おそらく楼上から下句を詠んだ者は鬼であったろうと仰せられた。とある。鬼の描写の実態はないが、鬼と考えれば愉快な話である。

博雅の笛に合わせて吹く風流な鬼。羅城門の悪鬼が渡辺綱によって退治されたので、太平の鬼の出現か。（＊）

◆鬼語辞典［3］

暗がりに鬼を繋《つな》ぐ

闇夜の中で姿形もわからない恐ろしい鬼をつなぎとめることから、正体不明で気味の悪いもののたとえ。「暗がりの鬼」ともいう。

下戸《げこ》と鬼は無い

鬼はこの世にいないと同様に、本当に酒を飲めない人（下戸）はいないこと。「下戸と化物は無い」ともいう。

高明《こうめい》の家、鬼其《そ》の室《しつ》を瞰《うかが》う

高明とは高く明るい場所にある富貴な者の家をいい、鬼は富貴で隆盛を極める家を憎んで災いをもたらそうとするの意。戒めの故事である。

心の鬼が身を責める

煩悩や嫉妬にとらわれた心が、良心の呵責で我が身を責めさいなむこと。本書の「生きながら鬼となった愛執の女」（九二ページ）参照。

邪見《じゃけん》な胸に鬼が住む

昔の人は、心は胸にあると信じていたので、よこしまな考えをもっている人の心には鬼が住んでいて、その鬼がその人をそそのかしているとした。

知らぬ仏より馴染《なじ》みの鬼

相手がどんな人間であっても、親しみを感じない人より、慣れ親しんだ人の方が良いというたとえ。「知らぬ神より馴染みの鬼」ともいう。

墨は餓鬼《がき》に磨《す》らせ筆は鬼に把《と》らせよ

墨は力を入れないで磨るのが良いとされるので、力のない亡者である餓鬼に磨らせ、筆は筆勢が大事なので勢いのある鬼に使わせるのが良いというたとえ。「墨を磨るは病児の如くし筆を把るは壮夫の如くす」ともいう。

銭《ぜに》あるときには鬼をも使う

金銭の力の強さをいったもので、金があれば恐ろしい鬼でさえ雇って使うことができるというたとえである。「地獄の沙汰も金次第」の諺に意味は同じ。

頼めば鬼も人食わず

鬼でも低姿勢で頼めば人を喰わないということもあるから、まして人間関係の場合は、心から誠意をもって頼めば願いを引き受けてくれるものだというたとえ。

断じて行えば鬼神《きしん》も避《さ》く

断固として信念と勇気を持って行えば、その勢いに負けて、鬼ですら避けるというたとえ。

⬇**鬼語辞典［1］**（一二一ページ）**［2］**（一〇八ページ）**［4］**（一五〇ページ）

鎌倉・室町時代以降の鬼

楠木正成《くすのきまさしげ》の亡魂鬼《ぼうこんき》、秘剣を狙う

「一条戻橋の鬼女」（一二二ページ）と同様に、女に化けた鬼に襲われ、鬼が楠《くすの》木《き》正成《まさしげ》の亡魂鬼となってふたたび現れる説話が『太平記』（巻二十三）「大森彦七事」にあるので、そのあらすじを紹介しよう。

暦応三年（一三四〇）の春、伊予国（愛媛県）から飛脚が京洛に到来して不思議な事件の知らせがあった。その内容を吟味すると、この国に大森彦七盛長《おおもりひこしちもりなが》という豪気の武者がいて、建武三年（一三三六）五月、九州に敗退した足利尊氏《あしかがたかうじ》が大挙して攻め上ったとき、兵庫の湊河《みなとがわ》の決戦に参加して、南朝の忠臣楠正成を討ち取る大手柄を立て、恩賞地を受け、遊宴を楽しむ贅沢な暮らしをしていた。当時流行の猿楽に凝り、自分の屋敷に舞台を造るほどであった。ある時、猿楽見物にいく途中、山の細道を通ると、歳は一七、八ほどで、緋《あけ》の袴《はかま》に柳裏《やなぎうら》の五衣《いつつぎぬ》（表が白色で裏が青色の五枚重ねの衣）を着た上臈《じょうろう》風の女房が一人でたたずんでいた。

彦七は不審に思ったが、その美しい姿に惹かれ、思わず、その姿では山道を行くのは無理なので、背負って連れていってあげようと声をかける。女房のかぐわしい香りにうきうきしながら半町ほど歩いて行き、山陰に月が入り暗くなったところで振り返ると、あれほど高貴で美しかった女房が、「俄《にはか》に長《たけ》八尺許《ばかり》なる鬼と成《なっ》て、二《ふたつ》の眼《まなこ》は朱《しゅ》を解《とい》て、鏡の面《おもて》に洒《そそき》けるが如く、上下の歯くひ違《ちがう》て、口脇耳の根まで広く割《さけ》、眉は漆《うるし》にて百入塗《ももしほぬっ》たる如《ごとく》にして額《ひたひ》を隠し、振分髪《ふりわけがみ》の中より五寸許《ばかり》なる犢《こうし》の角《つの》、鱗《いろこ》をかづひて生出《おひいで》たり。其《その》重《おもき》事大盤石《だいばんじゃく》にて推《おす》が如し」と鬼に豹変し、いっきに重くのしかかってきた。

豪勇の彦七は、鬼に組み付いて共に深田の中に転げ落ち、「盛長化物《ばけもの》組留《くみと》めたり。これや者共」といって叫んだので、あとからついてくる家来が太刀や長刀を持って駆けつけてきた。これを見た鬼は不利と見て姿を消してしまった。彦七はただごとでないことに遭遇したので、その日は猿楽見物を中止して帰宅した。

そして他日、舞台を造って猿楽を見物しているときのこと、遠く沖の方に唐笠ほどの光り物が二、三百見え、彦七は、鵜舟で漁夫が焚く篝火かと思っていると、一群をなした黒雲が湧いて、その中に武装をした鬼

彦七が背負う美しい女房に化けた楠木正成とおぼしき鬼。突然、豹変してその正体を現す。(＊)

形の武者が百騎ほど現れ、輿《こし》を囲んでいるようであった。やがて、それらは猿楽の舞台のある森の上に来ると、雲の中より高声で「大森彦七殿に可レ申事《まうすべきこと》有て、楠木正成参《さん》じて候也」と呼ばれる。豪胆な彦七が、「人死して再び帰る事なし。定《さだめ》て其魂魄《そのこんぱく》の霊鬼と成《なり》たるにてぞ有《ある》らん。其《それ》はよし何にてもあれ、楠殿は何事の用有《あつ》て、今此《ここ》に現《げん》じて盛長をば呼給《よびたまふ》ぞ」と聞くと、正成は、足利尊氏の天下になってしまったが、古来日本には三名剣があって、その一振りは彦七殿が腰に差している剣である。この剣が手に入れば足利氏を滅ぼすことができる。先帝の勅定《ちょくじょう》で来たので、その剣をよこせという。彦七は、お前は先般美女に化けて、私をたぶらかした鬼だなと言い放って、自分は足利将軍の味方であり、恩賞もいただいているので「骨を一々に被レ砕共《くだかるるとも》、此《この》刀をば進《まゐら》すまじく候。早御帰《おんかへり》候へ」と断る。それを聞いた正成の霊鬼は、「何共《なにとも》いへ、遂には取《とら》ん者を」といって、海上遥かに飛び去っていく。

四、五日後、再び現れた正成の霊鬼に、彦七が「さて御辺《ごへん》は何《いか》なる姿にて御座《おはしまし》ぬる」と問いかけると、正成の霊鬼は「某《それがし》も最期の悪念に被レ引《ひかれ》て罪障《ざいしやう》深かりしかば、今千頭王鬼《せんづわうき》と成《なつ》て、七頭《づ》の牛に乗れり。不審あらば其《その》有様を見せん」と、自分が千頭王鬼（一身千頭をもつ鬼）となったと答えて、松明《たいまつ》を振り上げる。その明かりで虚空を見上げると、雲の中に十二人の鬼が御輿《みこし》をかついでいた。

それより彦七は物は狂いで尋常でなくなったので、一族は彦七を屋敷の一間に押し込めたが、それでも正成の霊鬼はたびたび彦七を襲う。あるときは「熊の手の如くなる、毛生《おひ》て長き手」が現れ、彦七が討ち取ると正成の輿をかついでいる牛頭のようであり、それを中門に縛りつけおくと、夜中鳴り続け、打ち砕けて水底に沈んでいった。またあるときは「大なる寺蜘蛛《やまぐも》一つ天井より下《さがり》て…」、彦七がこれを捕らえると、その正体は「曝《され》たる死人の首《かうべ》、眉間《みけん》の半《なか》ばより砕《くだけ》てぞ残りける」であり、さらに「諸人空を見上《あげ》たれば、庭なる鞠《まり》の懸《かかり》に、眉太《まゆぶと》に作《つくり》、金黒《かねくろ》なる女の首《くび》、面《おもて》四五尺も有《ある》らんと覚《おぼえ》たるが、乱れ髪を振挙《ふりあげ》て目もあやに打ち笑《わらう》て」と、つぎつぎと妖怪が現れる。

そこで一族は、陰陽師《おんようじ》に門を封印してもらったが、一向に効力がないので、縁者の禅僧に相談すると、それには大般若経を読誦《どくじゅ》してこれらの悪霊を退治するしかないということになり、さっそく「僧衆を請《しやう》じて真《しん》読《どく》の大般若《はんにゃ》を日夜六部《ぶ》迄」読誦してもらう。すると、彦七の狂乱はたちまちに直り、正成の霊魄は現れなくなる。この読誦によって、正成は仏縁を結び、三毒（貪欲・瞋恚《しんい》・愚痴）を免れたのだろう。

その後、彦七は自分が持つ刀が霊剣であるので、左兵衛督直義《ただよし》に献上、この刀は小竹造りに作り直されて賞翫されたという。

少々ストーリーが長いが、『太平記』のこの話の前半の構成は、明らかに『平家物語・剣巻』、謡曲『羅城門』と同様の構成である。

『太平記』のこの話は、後の芝居では、鬼が化けた女房は、楠木正成の遺児の千早姫の復讐譚に作られている。また、この物語にでてくる大森彦七の愛蔵したと伝えられる名剣は、現在、愛媛県大山祇神社の宝物殿に伝来している。

鬼退治の桃太郎《ももたろう》の名はなぜ桃太郎なのか

桃の中から生まれた桃太郎が、犬・猿・雉を家来として引き連れて鬼ヶ島の鬼を退治するという『桃太郎』の説話は、忠孝勇武を徳とする筋立てで、武家勢力の台頭を背景に、室町時代頃に成立し、江戸時代にかけて流布されたとされる。その筋立ての骨子は次の通りである。川で衣を洗っている嫗《おうな》が、川上から流れてきた桃を拾い持ち帰ると、その桃からたいへん小さな子が生まれ、やがて異常な速さで成長して猛士《もののふ》となって、黄泉《よみ》の国（死後の世界）に棲む鬼達の財宝を取りに行くため、黍《きび》団子を食糧に持って出発する。途中で犬、猿、雉を供とし、黄泉の国の鬼を退治し、財宝を奪って戻ってくるという話である。

のちに、黄泉の国は鬼ケ島となって、そこの凶悪非道の鬼を退治する話になる。これには伊豆大島に流された源為朝が鬼ケ島に渡って鬼を配下に従えた伝説や、源頼光が四天王を配下に引き連れて大江山の酒呑童子《しゅてんどうじ》とその鬼たちを征伐する説話の要素が取り込まれて流布し、その伝承譚は全国各地におよんでいる。

この説話は竹から生まれた『かぐや姫』、瓜から生まれた『瓜子姫』など日本古来の水神少童系に由来するものであるが、ここでは、なぜ桃太郎という名となったのかを考えてみたい。

古代中国では、丑寅（東北）を鬼門とし、そこには邪鬼が棲み、その方角より疫鬼が侵入してくるという思想があった。『山海経《せんがいきょう》』には「東海度朔山有大桃樹　蟠居三千里　其卑枝向東方　曰鬼門　萬鬼出入也」とあり、東海地方の度朔山《どさくざん》には大きい桃の木があり、その枝の広がりは三千里もあって東方に向かっている。

その桃の木を避けて東北の方角に鬼たちが出入りする鬼門がある。つまり鬼は桃の木を嫌っていると記してある。『山海経』には西王母《せいおうぼ》という仙女がでてくるが、道教伝説では、大桃樹が三千年に一度だけ実を結び、神仙たちが西王母の長寿を賀するために、その桃を捧げるという。古来、桃の実は長寿のしるしであり、百鬼を撃退する霊力があると信じられたのである。

この信仰は奈良時代に日本に伝えられたと見え、『古事記』（上巻）には、神隠れした伊邪那美命《いざなみのみこと》を、伊邪那岐命《いざなぎのみこと》が慕って黄泉《よみ》の国に向かい、八雷神《やくさいかずちのかみ》に逐われたときに、現世と黄泉の国の境にある桃の木から実を一つとって投げつけたところ、八雷神は怖れて逃げていったという記述がある。

つまり悪しき神は不老長寿の仙果である桃を最も嫌がるものであったから、桃から生まれた桃太郎に鬼が降参したということになるのである。

中国古代の仙女「西王母」。『山海経』

一方、この桃太郎の鬼ケ島征伐の話は、黍団子のキビに結びつけて、古代四道将軍の吉備津彦の吉備国征討によるという説もある。瀬戸内海にある男木島を鬼ケ島として、そこに住む王権に従がわない勢力を滅ぼした話から生まれたという。現在、岡山駅前広場には、桃太郎と犬、猿、雉の銅像があり、桃太郎の子孫と称する桃の家紋をもつ家もあるという。

名歌が誤解されて説話となった安達《あだち》が原の鬼婆《おにばば》

『拾遺和歌集』（巻九・雑下）に平兼盛の次の歌がある。

陸奥国《みちのくに》名取《なとり》の郡《こほり》黒塚《くろづか》といふ所に重之がいもうとあまたありと聞《き》きて言《い》ひ遣《つか》はしける

陸奥《みちのく》の安《あ》達《だち》の原《はら》の黒《くろ》塚《づか》に鬼《おに》こもれりと聞《き》くはまことか

この歌の真意は陸奥国の名取郡黒塚に源重之の姉妹たちが住んでいると聞いて、兼盛が贈った歌で、その真意は「陸奥の安達が原の黒塚というところにいるあなた（源重之）の姉妹がたいへん美人だという噂が京まで聞こえておりますが、名前からしても辺鄙《へんぴ》なところに、そんな美人が住んでいるのでしょうか。そうならば女としての花の盛りが過ぎないうちに、わたくしの妻としていただけませんでしょうか」という言外の意を込めた一種の恋歌である。兼盛が詠んだこの歌と同様の内容が、『大和物語』（五十八段）にも収録されている。

この歌の「鬼」は姉妹を鬼に見立てて洒落《しゃれ》たものであるが、のちの人々が「陸奥の安達が原に恐ろしい鬼が住んでいるということは本当でしょうか」と歌詞の意味を表面的に理解してしまい、「安達が原には鬼が住んでいる」と誤解し、安達が原の黒塚の鬼女伝説になったものである。

そしてこの鬼女伝説は、さまざまな説話として流布し、武蔵の国では「浅茅が原の鬼女伝説」となり、陸奥の国（青森県）では「安達が原の鬼女伝説」となる。その内容はほぼ同じであるが、浅茅が原の鬼女伝説では、身代わりになった娘の非業の死によって鬼女は悔悟《かいご》し、あるいは自滅をする。一方、安達が原の鬼女伝説では、熊野那智の僧侶の東光坊《とうこうぼう》阿闍梨《あじゃり》祐慶《ゆうけい》がその法力で鬼女を調伏《ちょうぶく》する。また、『江戸名所図会』(天権の部)「東光寺」の項にも大宮駅の氷川社の東に、足立ケ原の黒塚があり、虚鬼が住み、同じ祐慶が調伏したという記述がある。これも類似の説話であり、一種の遊行伝説ともいえよう。

さて、この鬼女伝説は謡曲の『黒塚』に名文として残っているのでそのあらすじを紹介しよう。

東光坊祐慶と伴の僧が、諸国行脚の修業の道すがら、陸奥の安達が原にさしかかったが、おり悪しく日の暮れとなってきた。宿屋も雨露をしのぐ堂もないので途方にくれていると、前方に住居らしい灯が見えた。祐慶たちがほっとしてその家に近づくと、わびしげな賤《しず》が伏屋であった。一夜の宿を頼むため中に入ると、意外にも初老の女が応対にでてきた。このようなさびしい原野に住んでいるには、由緒ある身のように見え、しかし痛々しいくらいにやつれた女であった。祐慶たちが慇懃に宿泊を頼むと、一人でさえしのぎかねている暮らしなので泊めることはできないと断られたが、困り果てた祐慶たちを見て、泊まるだけならばと受け入れてくれた。座敷には調度品もなく、囲炉裏に柴がくすぶっているばかりである。女はもてなしのかわりに祐慶たちになにかと話しかける。片側に竹で作った輪型の道具があるので、祐慶がなんの道具かと訊ねると、女は、麻の繊維を糸に紡ぐ糸車で「わくかせ」というものですといって、糸を紡いでみせる。祐慶はその姿を見て、いっそう哀れを感じ、すき間風もさらに身にしみてくる。

夜更けの床は冷えきって、囲炉裏の柴が消えかかり、祐慶たちは思わず襟をかき合わせ衣の裾をそろえて寒さをしのぐ。女は薪柴がなくなったので、裏山に採りにいってくるのでしばらく待ってほしいという。祐慶たちは、か弱い女が一人で行くには気の毒と辞退をするが、女の好意に甘える。

女は「のうのうわらはが帰らんまで、この閨《ねや》の内ばしご覧じ候ふな」といって薪柴を採りにでかける。祐慶たちがしばらく待っていると、どこからともなく夜風がもれてうそ寒く、奥のすき間から異臭と共に、地獄の底からのような寒風が吹いてくる。そこで、祐慶たちが襖を開けて見ると「不思議や主《あるじ》の閨《ねや》の内を、物の隙《ひま》よりよく見れば、人の死骸《しがい》は数《かず》知らず、軒《のき》と等《ひと》しく積み置きたり、膿血《のおけ》忽《つたちま》ち融滌《いうてき》し、臭穢《しうえ》は満ちて膨《ほお》張《ちゃく》し、膚《ふ》膩《に》悉《ことごと》く爛壊《らんにえ》せり、いかさまこれは音《おと》に聞く、安達《あだち》が原《はら》の黒塚《くろずか》に籠《こ》もれる鬼の住みかなり」の有様であった。そして祐慶たちは闇の中を一目散に逃げ出した。薪柴を採って戻った女は、祐慶たちがいなくなったのを見て一瞬に悟り、憎ゆえ喰わずにもてなしたのに、僧の身でありながら約束を破って、我が秘密を知ったことは許し難い。逃がして里人に話されたらわが身の破滅と、たちまち鬼女と化して怒りの形相に変わり、目は青く光り、髪なびかせ、口は耳元まで裂け、暗闇に浮き上がって飛ぶように野原を走ると、おりしも稲妻が野原に閃き、祐慶たちが走っていく姿が見え隠れする。鬼女はたちまちに追いつき、一口で食べてしまおうと鉄の棒を振り上げる。祐慶たちはもうこれまでと観念して、背の笈をおろして、鬼女に向かって印を結び五大明王に緊縛のまじないを一心不乱に読誦《どくじゅ》する。すると鬼女は眼くらみしたようによろよろとして、いままでの勢いと変わって身を縮めてもがき、仏罰があたって身が滅ぶと叫びながら闇に消えていった。

最後は仏説で終わる説話であるが、筋の運びはきわめてよくできている。

安達が原の黒塚の鬼女。鳥山石燕『百鬼夜行』

食人鬼《しょくじんき》と化した老婆の話

食人鬼と化した老婆の話を二つほど紹介しよう。一つは日野巌『動物妖怪譚』に収録されている出典不明の話であるが、「丹波の国野々口の与次の祖母が百六十余歳で生きながらに鬼となる」話である。あらすじは次の通りである。

与次には百六十余歳になる祖母がいて、九十歳の時には抜け落ちた歯がふたたび生えてくるほど元気であった。昼は苧《お》を紡いでおり、夜になると嫁や孫に自分の部屋は決して見るなといって出掛けるようになった。家の者たちは怪しく思っていたが、あるとき与次の子が酔った勢いで祖母の部屋を覗くと、「狗《いぬ》のかしら、庭鳥の羽、をさなき子の手くび、又は人の髑髏《されかうべ》、手足の骨数も知らず」のありさまであった。家族は祖母が鬼になってしまったと相談しているところへ、祖母が戻ると、祖母の形相は一変し、口が耳元まで裂けて鬼の姿となり、家を飛びだしていってしまった。

もう一つは、山東京伝の『優曇華《うどんげ》物語』の「黒髪山の鬼女妊婦を殺して胎児を奪う」話である。この話は『今昔物語集』（巻二十九）「丹波守平貞盛、取児干話《ちごのきもをとれること》　第廿五」にある、胎児の生き血が不治の病に効くという残虐な内容と前項の「安達が原の鬼女」の説話を題材にして合体したものである。妊婦の腹を裂くくだりは、たんたんと叙述されているだけに一層不気味である。江戸時代にこのような怪奇譚の出版が許されていたということも興味深い。

人肉を喰らう鬼と化した与次の祖母。大江山に薪を採りにいった男が、与次の祖母と思われる杖をついた白装束の者があっという間に山頂に登っていったことを目撃したという。(*)

黒髪山の鬼女が妊婦を殺して胎児を奪う図。山東京伝『優曇華物語』

山姥《やまうば》は鬼か？（１）

山姥は各地に実に多くの伝承がある。一般には、山女、山姫、山女郎、山母などと呼ばれる。マタギなどの山小屋を覗く色白の肌で長い黒髪の若い女性姿の山姥は、山姫、山女郎と呼ばれ、子を育てる山姥は山母と呼ばれ、その代表的な説話が金太郎を育てた足柄山の山姥である。金太郎は源頼光に見いだされて、坂田金時として頼光の四天王の一人として活躍する。また、目が鋭く口が耳の下までさけた恐ろしい形相で残酷な行為をする鬼と化した山姥もいれば、里人に幸せを与える山姥もいる。

このように山姥は伝承によってさまざまな性格をもっている。柳田国男は精力的に東北地方の山姥譚を採集して、山姥論を著している。柳田は山姥をおよそ三つに分類している。一つは大和朝廷に服従をしない勢力が山に逃れて生活空間を営んだ山人の系譜である。彼らは熊襲《くまそ》、隼人《はやひと》、土蜘蛛《つちぐも》、山の佐伯と呼ばれ、「鬼」とされたのである。二つめは山に生息する獰猛な熊や山犬、狼に対する怖れと畏敬であり、それらの化身としての山姥である。三つめは、山隠れする女である。精神に異常をきたし山の神に娶られる女の系譜である。これらの女は山の神の憑き物がついて山に召されて山姥となる。柳田が採集した民話を記した『遠野物語』には、山に入って行方不明となった女たちの説話が多くある。また、姥捨山伝説のように、山に遺棄された老婆が、木の実や草の実、松葉、渓流の小動物などを食べて生き永らえて山姥とされたこともあろう。

このように、山姥は日本文化史の基層に深くかかわる存在といえる。

山姥。鳥山石燕『百鬼夜行』

金太郎（坂田金時）を育てた山姥。山東京伝『絵看板子持山姥』歌川豊国画

山姥《やまうば》は鬼か？（2）

謡曲『山姥』には、作品に昇華された山姥像が見事に表現されている。その中から、山姥の核心に触れる部分を見てみたい。この謡曲は、信濃の善光寺参りに行く遊女が従者と供人の二人を連れて行く途中で、山姥の山家に一夜の宿りをとる話である。

「これは上路《あげろ》の山とて人里遠き所なり、日の暮れて候へばわらはが柴の庵《いお》りにて一夜を明かせ給ひ候へ」と里の女（山姥）に導かれる。遊女一行は、「恐ろしや月も木深き山陰より、その様化《さまけ》したる顔ばせは、その山姥にてましますか」と、その女が山姥であることを知る。そして地謡が、「そもそも山姥は、生所《しょおじょ》も知らず宿もなし、ただ雲水《くもみず》を便りにて、至らぬ山の奥もなし」と山を移動し居所も定めない山姥の存在を示唆し、山姥は「しかれば人間にあらずとて」といい、地謡が、「隔つる雲の身を変へ、仮に自性を変化して、一念化生《いちねんけしょお》の鬼女となつて」と山姥が鬼女であることを述べる。

そして曲の最後に、「雪を誘ひて、山巡り、巡り巡りて、輪廻を離れぬ、妄執の雲の、塵積もつて、山姥となれる、鬼女が有様、見るや見るやと」（雪を誘うように山々をめぐり、めぐりめぐって輪廻を続け苦界から離れることのできないでいるのも、現世への執着の故だが、その妄執の雲の塵が積もり積もって、山姥となったのだ。この鬼女のありさまをよくよくご覧なさい）としめくくる。

この曲の前段には、山姥が、「寒林に骨を打つ、霊鬼泣く泣く前生の業を恨み…」（墓場で餓鬼が泣く泣く自分の骸《むくろ》の骨を鞭打っていたのは、現世での自分の悪業を恨んでのことである）と独白する場面があり、このことから、この山姥の作品の根底には、般若心経の思想が流れ、生きながらに鬼となることを願った中世の女たちの覚悟の妄執につながるものがある。しかし、時代の潮流から見ると、山姥からは、鬼女というよりは、里人と山人の二元的な世界、言葉を変えていえば、里から山へ追いやられた棄民の生活が感じられないだろうか。権力闘争に敗れ、山奥に逃れ、里と隔絶することによって生き永らえてきた平家などの落人たち、罪を犯し山へ逃れた庶民たち、さらには、仏教の国教化により山へと追いやれた古代の国神たち、そのもろもろの妄執の結晶がここにはある。しかも、それらの妄執は、「山」を良しとしながらも、つねに里への執着を抱えている。

古庫裏婆《こくりばば》。怨霊と化した七代以前の住持の妻。新死の屍の皮を剥いで餌食とするいう。李冠充賢『怪物画本』

読本《よみほん》の中に生きる江戸の百鬼《ひゃっき》夜行《やぎょう》

江戸時代も文化文政期になると、鬼や百鬼夜行の妖怪たちは、地獄の獄卒《ごくそつ》としての人喰鬼や、恐ろしい闇の世界の物の怪という存在というよりは、読み物や浄瑠璃、歌舞伎の演目、はては見世物小屋の客寄せ用の小道具になってしまった感がある。

江戸時代の長期にわたる太平の世は、幕府に対抗する勢力もなく、地獄と極楽や超自然的存在や妖怪を生みだした仏教や神道も乱世時の存在感を失い、深い山の隅々まで幕府の為政はおよび、怨念の歴史が生んだ百鬼夜行の妖怪たちは、村の語り部の話の世界に、細々と精彩を保っていく。

江戸の読本に登場する百鬼夜行。恐ろしいというよりユーモアたっぷりの道化のような妖怪である。山東京山『高尾丸剣之稲妻』歌川国貞画

大飢饉や天変地異の大災害のときなどに現れたりもするが、一時的で、村祭りにお面として登場するがごときである。

その反面、江戸の天才作家たちは、見事な想像力で、創作の世界に百鬼夜行を十二分に登場させるのである。

◆鬼語辞典［4］

旦那《だんな》の一気働《いっきばたらき》きは鬼も叶わぬ

普段働かない者が急に働くと、鬼も叶わないほどの働きぶりを示すものであるというたとえ。

角《つの》を出す

能楽で、女性が嫉妬のあまり鬼となること。

寺の隣にも鬼が住む

釈迦の慈悲を広める尊い仏像を安置する寺院の隣に鬼が住むように、人の世も、どんな悪人がそばにいるかも知れないことのたとえであり、善人と悪人が交じり合っているのがこの社会であるということ。

泣くと鬼が来る

子どもに言う言葉で、いつまでも駄々をこねて泣いていると、鬼が迎えにくるぞといって脅かすこと。

人を見たら鬼と思え

人は外見では善人か悪人かの区別はつかないから用心しろということ。「人を見たら泥棒と思え」に同じ。

汨羅《べきら》の鬼

中国古代の国楚の詩人屈原の故事による言葉で、水死した人をいう。屈原は讒言のため無実の罪で追放され湘江のほとりをさまよい、「身の潔白をはらすために、世俗の塵埃を受けることができようか」といってついに汨羅の川に身を投げて死んだという。

昔の事を言えば鬼が笑う

過ぎ去ってしまったことを悔やんであれこれいうことは、笑ったこともない鬼が笑うようなもので、とりかえしがつかないことであるというたとえ。

無常の鬼が身を責むる

人生のはかなさを鬼にたとえ、そのような鬼がわが身に取り憑いて、恐怖や不安をもたらして苦しめるということ。自分の心にある妄執などが自分を責め立てるということ。

渡る世間に鬼ばかり

世の中は油断をしてはいけない。人を見たら泥棒と思えのことわざのように、悪人も多くいるから常に気を付けろという意。

渡る世間に鬼はない

世間には非人情な人ばかりが住んでいるわけではない。見知らぬ人は一見怖そうに見えるが、皆困った人を助けるやさしい心を持っているということ。

⇩**鬼語辞典**［1］（一二一ページ）［2］（一〇八ページ）［3］（一三〇ページ）

Ⅱ もののけの文化史

物《もの》の怪《け》とはなにか―鬼学ふたたび、そして物の怪学へ

「鬼の国へようこそ」（四ページ）の項で、鬼の語源、字源について述べたが、死者は白骨の意から「魄《はく》」（魂の器であり、魂の象徴でもあるの意）となり、その魂魄《こんぱく》が神としての鬼になると考えたようである。それは「鬼」の字義からもうかがわれ、漢字学者の加藤常賢氏は著書『漢字の起源』で「人間が死んで神となったことをいったことは、鬼の文字からも窺われる」と解説している。

このことから、人が死んで残った霊魂が、生前の怨みや未練をはらすために、さまざまな現象を見せたり、形となって現れるものを鬼と呼んだ。中国の『論衡』「訂鬼篇」には「鬼者老物之精也《きはろうぶつのせいなり》…」とあり、鬼とは物の年劫経て老いたものが凝結して精となり霊力を発揮したものと説明している。日本の鬼のイメージはこの中国の思想を受け入れたものと考えられる。江戸後期の考証学者の狩谷棭斎は、その著書『箋注《せんちゅう》倭名類聚鈔《わみょうるいじゅしょう》』「人神の部」で、「周易《しゅうえき》（中国古代の易学書）には、人が死して神となったものを鬼といい、日本名では〈おに〉という。或説では〈おに〉は隠《おん》の音の訛りである。大体鬼は隠れているもので、その形を現さないものであるから隠というのである。（中略）『四声字苑』では、人が死んで魂を神としたものを鬼というのである」と解説している。

「隠」という字は漢音では「イン」と発音し、呉音では「オン」と発音する。このことから狩谷棭斎は、鬼はこの世から隠れたものであるから「隠《おん》」といい、「鬼《おに》」「鬼《き》」の語源であるとしている。

しかし『日本書紀』「神代記（下）」では、高皇産霊《たかみむすび》が瓊々杵《ににぎ》を葦原国に派遣するときの場面で「彼の地《そのくに》に、多《さは》に蛍火《ほたるび》の光《かかや》く神、及び蠅声《さばへな》す邪《あ》しき神あり。復《また》、草木咸《ことごとく》に能《よ》く言語《ものいふこと》あり。故高皇産霊尊、八十諸神《やそもろかみたち》を召《め》し集《つど》へて、問ひて曰《のたま》はく、吾れ葦原中国の邪《あ》しき鬼《もの》を撥《はら》ひ平《む》けしめむと欲《おも》ふ」とあり、鬼を「もの」と呼び、「咸《ことごとく》に能《よ》く言語《ものいふこと》あり」としている。つまり、万物に宿る目に見えない神聖な霊魂を鬼としている。一方で『日本書紀』は、大和朝廷の地方征討の歴史の中で、「景行記」では「亦《また》山に邪《あ》しき神有り、郊《のら》に姦《かだま》しき鬼あり。衢《ちまた》に遮《さいぎ》り径《みち》を塞《ふさ》ぐ」、「神代記（下）」では「誰《たれ》か復敢《またあ》へて順《まつろ》はぬ者有《あ》らむ…二の神諸《もろもろ》の順《まつろ》はぬ鬼神等《かみたち》を誅《つみな》ひ」と記して、鬼を実体のある服従を拒む勢力の呼称としている。このように、古代日本では、鬼は、万物に宿る、畏敬すべき神霊であり、征伐すべき悪しき鬼神であった。

『史記五帝本紀』には、山林の異気から生ずる怪物を「魑魅《ちみ》」と呼び、日本最初の漢和辞書『倭名類《わみょうるい》聚鈔《じゅしゅう》』では、「魑魅」を「すだま」と解説しているが、日本的な「鬼《もの》」の実体はこれに近いようである。『日本書紀』（巻十九）「欽明天皇」の項には、「佐渡嶋の北の御名部《みなべ》の碕岸《さき》に、粛慎人《みしはせのひと》有りて、一船《ひとふな》船に乗りて淹留《とどま》る。…是《こ》の邑《さと》の人、必ず魃鬼《おに》の為に迷惑《まど》はされむ」とあり、漂着した異国人を「魃鬼」としている。

鬼の思想の本家の中国では、鬼は「形」がなく、来世から現世にくる霊魂としての鬼神であるが、古代日本では、万物に宿る神霊であり、征伐の対象としての蛮族であり、それが、仏教思想の流入による、地獄の獄卒としての鬼のイメージに定着していくのである。

『大言海』では、「鬼」を「神の異称。人にまれ何にまれ、魂となれる限り、又は霊ある物の幽冥に属《つ》きたる限り、其物の名を指し定めて言はぬをものと云ふより、邪鬼《あしぎもの》と訓めり。又、目に見えぬより大凡に鬼、魂（真字）、伊勢物語第廿三段〈魂《もの》をものと云へり〉。鬼魅《きみ》、邪神、妖鬼、物ノ気《け》、物狂《ものぐるい》。物の態、物の託《つ》きたるもの」と解説している。魂《もの》は実体のないものであるが、作用すると怪異を生じると解説している。

『万葉集』でも、随所に「鬼尾《ものお》」「鬼乎《ものか》」「鬼《もの》」の言葉がでてくる。そして平安時代になると「隠《おん》」の語より転じた「鬼《おに》」という怪異能力がイメージされ、それが実体として認識され、仏教思想による地獄の獄卒《ごくそつ》の鬼を中心にさまざまな鬼譚が生まれ、やがて、中国より流入した陰陽道《おんようどう》思想により、日本独自の百鬼夜行《ひゃっきやぎょう》の妖怪たちが登場する。つまり図式的にいえば、日本では「隠《おん》」が「鬼《おに》」となり、「鬼《もの》」が「鬼《おに》」となるのである。そして「鬼《もの》」としての「鬼《おに》」が「物《もの》」となり、百鬼夜行の「物《もの》の怪《け》」たちが生まれてきたといえる。

鬼の続きの話が長くなってしまったが、物の怪は、日本的な鬼の申し子であり、日本古来の呪術的な民間伝承とさまざまに習合して、実に独創的な妖怪たちが誕生するのである。平安時代の陰陽師《おんようじ》たちによって醸成されたともいえる百鬼夜行の妖怪たちは、伝統的な鬼に代わって、しかし、武家社会の到来で、力を失いながらも多彩な様相をもって、全国津々浦々に波及していくのである。太陽に対しては月、昼に対しては夜、極楽に対しては地獄、天に対しては地、里に対しては山のように、対極の世界でありながら、物の表裏のように、相対しながらも、それらはたがいに一体としての宿命をもつ。その二元的ともいえる関係性は、人間の生と死の輪廻そのものであり、物の怪たちの存在は、人間の生と死への宿命をいろどる精神の緩衝剤といえるかもしれない。それでは、日本の「物の怪」たちの豊かな世界へご招待しよう。

天狗《てんぐ》は流星の化身であった

物《もの》の怪《け》といっても、なんといっても天狗が一番身近で馴染みのある擬人的存在であろう。しかも、天狗は鬼の一種とされる面があるので、最初に取り上げよう。祭りの縁日の天狗の面を記憶している人も多いと思う。

この天狗が日本の記録に現れるのは『日本書紀』の舒明天皇九年（六三七）二月十一日の条である。

九年の春二月《きさらぎ》の丙辰《ひのえたつ》の朔戊寅《つちのえとらのひ》に、大きなる星《ほし》、東《ひむがし》より西に流る。便《すなは》ち音有《あ》りて雷《いかづち》に似たり。時の人の曰はく、「流星《ながれぼし》の音なり」といふ。亦《また》は曰はく、「地雷《つちのいかづち》なり」といふ。是に、僧旻僧《そうみんほふし》が曰はく、「流星に非《あら》ず。是天狗《これあまつきつね》なり。其の吠《ほ》ゆる声雷《いかづち》に似《に》たらくのみ」といふ。

とある。『日本古典文学大系』の頭注では、漢書、天文志に「天鼓有レ音、如レ雷非レ雷、天狗、状如二大流星一」によったものであろうとしている。また、『史記』、『漢書《かんじょ》』には「天狗状如二大奔星一有レ声　其下止レ地類レ狗所レ墜望レ之如二火光一　炎々衝レ天」とあり、天狗は大奔星のようなものであって、音響を発し、地上に落ち止まったところに狗のようなものがいて、それが天狗としている。これは日本の雷獣とほぼ同様の理解で、天から降ってきた狗《いぬ》と考えたから、雷音を発する流星を天狗としたのである。そして、

雷相の天狗。『三教捜神大全』

このような天狗星が地に落ちることは不吉な兆《きざし》とされた。この思想が古代日本に伝えられて、天狗は、天から地に降りた不吉をもたらす存在として登場したのである。

そして、天狗は古代日本神話にでてくる罔両《もうりょう》（魑魅魍魎《ちみもうりょう》）の存在と同一化されたり、仏教流入により、飛天夜叉《ひてんやしゃ》や人の死の予知能力をもつ荼吉尼《だきに》などの性格が付与され、さらには神仏混淆《しんぶつこんこう》の思想から山岳修験道の山霊の要素も加味されて日本独特の天狗像ができてくる。

これらの天狗が説話に存在感をもって登場するのは、平安時代からである。『今昔物語集』（巻二十）「天竺天狗、聞海水音渡此朝語《てんじくのてんぐうみのみづのおとをききてこのてうにわたれること》 第二」に、次のような話がある。

「天竺にいた天狗が震旦《しんたん》に渡る途中海上を飛んだとき、海の水に諸行無常、是生滅法、生滅滅已、寂滅為楽という声がしたので、驚いて、こうした仏法の甚深《じんしん》な法文を海が唱えるのはおかしいと思って飛んで行くと、行く先々でも同じである。…更に日本に行く海も同じ経文を唱える偈の声がする。筑紫、河尻、淀川、宇治川、近江の琵琶湖、比叡山と行くに従ってそう唱える声は次第に大きくなり、さらに賀茂川を見下すと、四天王やいろいろな護法神が往来して厳しく外道の者を警戒しているので、天狗はこそこそと隠れてしまった」とあり、空を飛行し、経文と仏教の護法神に恐れをなして逃げていく天狗が表現されている。

また、長州本『平家物語』には、「天狗と申すは人にて人ならず。鳥にて鳥ならず、犬にて犬にもあらず。足手は人、かしらは犬、左右に羽生えて飛びあるくものなり。人の心を転ずる事、上戸のよき酒をつめるが如し。小通を得てすぎぬることをば知らずといへども未来をは悟る。是れと申すは持戒のひじり、もしくは

葛飾北斎の描く天狗。『絵本和漢誉』

智者などの我れに過ぎたる者あらじと慢心起こしたる故に、仏にもならず、悪道にも落ちずしてかかる天狗といふものに成なり」とある。

ここでは、天狗は空を飛行し、予知などの絶大な超能力をもつが、性格が驕慢であるため、仏法を守る者や賢者にもなりきれず、といって悪人にもなりきれない滑稽な存在として描かれている。これがかえって人々が親しみを感じた所以かも知れない。

天狗《てんぐ》の風貌と生活（1）

人々にとって天狗は親しみやすい存在であったせいか、天狗の存在についての位置づけや、具体的な容貌や性格についての記録は多くある。そのいくつかを紹介しよう。

『源平盛衰記』には、「聊《いささ》か通力を得たる畜類也。これにつきて三品あり。一には天魔、諸の智学匠の、無道心にして憍慢の甚しきなり。其の無道心の智者死すれば必ず天魔と申す鬼に成り候なり。其の形、頭は天狗身は人にて、左右の羽生《お》ひたり。前後百歳の事を悟って通力あり、虚空を飛ぶこと隼《はやぶさ》の如し」とある。ここでは仏道を修めようと思う心のない「無道心のない智者」が死んで、天狗となるとしている。

また、『沙石集』（無住道暁著の仏教的説話集）には、「天狗と云《いふ》事は、…先徳の釈に、魔鬼《まき》と云へるぞ是《これ》にやと覚へ侍る。大旨《おほむね》は鬼類《きるゐ》にこそ。真実の智恵なくて、執心偏執《しふしんへんしふ》、我相憍慢《がそうけうまん》等ある者、有相《うそう》の行徳《ぎやうとく》あるは、皆此道に入《いる》也」とある。これを見るに、天狗はかなりの知恵者で、人間には一目を置いた存在でありながら、排斥すべき存在であったことがわかる。

『日本書紀』（神代）には、天狗の祖先ともいわれる猿田彦の相貌の叙述があるので次に記そう。「一《ひとり》の神有りて、天八達之衢《あまのやちまた》に居《を》り。其の鼻の長さ七咫《ななあた》、背《そびら》の長さ七尺余《ななさかあま》り。當《まさ》に七尋《ななひろ》と言ふべし。且《また》口尻明《くちわきあか》り耀《て》れり。眼は八咫鏡《やたのかがみ》の如くして、絶然《てりかかやけること》赤酸醤《あかかがち》に似《の》れり」とある。「鼻の長さ七咫《ななあた》」とあり、「咫」とは、手のひらの下端から中指の先端までの長さであり、天狗の鼻を思わせる記述である。

天狗。石川豊信『絵本江戸紫』

善を護し悪を罰する天狗。
山東京伝『本朝酔菩提全伝』歌川豊国画

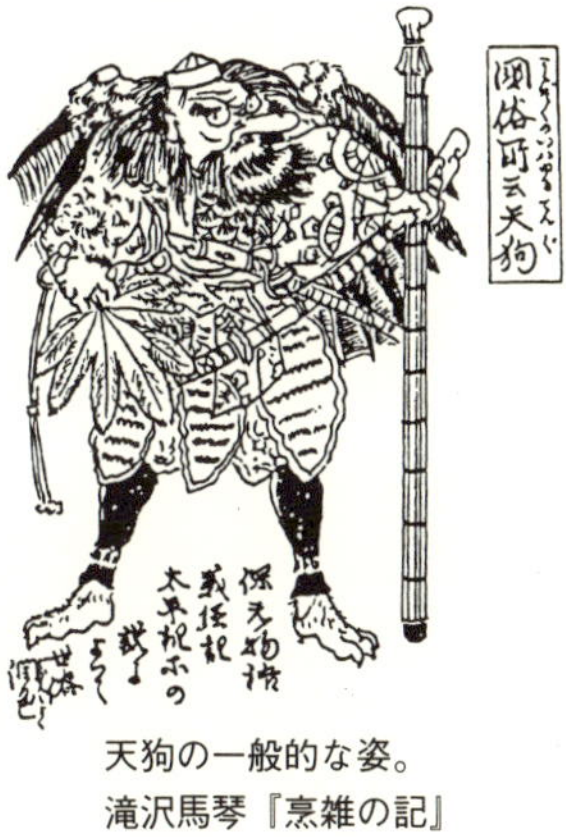

天狗の一般的な姿。
滝沢馬琴『烹雑の記』

次に天狗界を往来したということで江戸の評判となった神域四郎兵衛正清の話がある。これを幕府の御広敷番頭の稲田喜蔵が聞いて『壺芦圃雑記』に記録してあるので紹介しよう。概略は次の通りである。

「髪は肩のあたりまで伸ばし、瞳は黒くそのまわりは黄色で目の縁も黒い。衣服は深山には綿に似たものがあるので、それを織って着る。陰茎陰嚢はあるが淫犯の気が無く用便だけなので小さい。空を飛行するのは翼によってではなく飛び上がって飛行するので、三百里は飛べる。天狗同士の争いはないので殺人としての術は習わぬが、不敗のすべは習うから、人がどんな武器をもってかかっても、決して敗れることはない。また、山を穢すものには罰を加えるが、悪人でも関係のない者には罰を加えない」という。

また、常陸国（茨城県）岩間山の十三天狗の頭領杉山僧正に連れ去られて天狗と共に生活をしたという仙童寅吉の話をまとめた平田篤胤の『仙境異聞』には、天狗の相貌について「天狗の年齢は二百歳から千歳、稀に三千歳の者もいる。羽団扇は空に上るときも降りるときにも用い、妖魔を払い悪獣悪鳥を殺すときにも用いる。姿は山伏に共通する」とある。そこには天狗たちの食生活も語られている。それによれば、「天狗は魚、鳥を煮たり、焼いたりして食うが、四足獣は食わない。田螺《たにし》、餅、蜜柑、葡萄は好物で、苺、桑の実、梅、えびかつら、柿、櫟《くぬぎ》の実も食う」。前述の『壺芦圃雑記』にも食のことが記されており、「松葉、竹葉、猿の仔、魚肉、五穀は食わず、金銀は用いない」とある。

この二つの記述は、現実と虚構とがないまぜとなったような話であるが、それだけ天狗が身近な存在であったといえよう。

天狗《てんぐ》の風貌と生活（2）

江戸時代の市井の風俗などの見聞をまとめた『甲子夜話《かっしやわ》』（文政四年〈一八二一〉、肥前（長崎県）平戸の藩主松浦静山著）に、天狗の社会で暮らした男の話があるので、簡約して紹介しよう。

松浦静山の下僕で、東上総（千葉県）泉郡中崎村の農夫上がりの源左衛門は、七歳のときに氏神の八幡宮に行った途中で山伏に誘われて行方不明になり、それから八年経って天狗から「お前は不浄であるから俗界にかえしてやる」といわれて、相模国大山に置き去りにされ、迷っていたところ、腰に下げていた迷子札で住所がわかり、親切な人に連れられて家に戻ることができた。それから三年経って、十八のときに山伏姿の天狗がまた現れて、背負われて空中を飛んで立山に連れて行かれた。山中の洞に住んだが、そこには天狗が十一人いて、源左衛門を連れて来た天狗は長福坊といい、その中で一番偉い者を皆は権現と呼んだ。天狗たちは揃って呪を唱えたり、笙《しょう》や篳篥《ひちりき》（雅楽の管楽器）を奏して踊ったりして過ごしていた。権現は髪

天狗とその頭領。歌川芳国『鞍馬牛若丸図』

も髭《ひげ》も見事な白髪で、上品なうえ温和で、生まれつきの天狗ではなく、仙人であった。そして、天狗たちに連れられてよく諸国を廻った。鞍馬や貴船に行ったときは、参詣人のいろいろな願い事を天狗たちが評議して叶えてやったり、却下したりした。他の山へ行ったときは、天狗たちが兵法や剣術を学んでいたので、源左衛門もそれらの術を伝授された。また天狗の集まりがあって、猿楽や宴歌、酒席にも連れて行かれた。

頭領の権現は毎朝天下安全を祈っていたという。頭領があるとき義経の一の谷の合戦の様子を見せてやろうといい、たちまち目の前に物凄い戦場が現れたことがある。また世間では木の葉天狗というが、この天狗は天狗界ではハクロウ（白狼）といって狼の年功を経たものが天狗になったもので地位は低い。十九歳になったときに人間界に戻してやるといって、証状と兵法の巻物二つと脇差、袈裟をくれ、家に戻った。巻物は上総の氏神様に奉納した。宮司が巻物をひもといたところ、目が眩んでよく見ることができなかったが、梵字が書いてあったという。…天狗が物を買うためには、ハクロウが山で作った薪を売って得た銭や登山する人を背負って得た銭を用いる。天狗たちは酒が好きだという。また、東北の恐山には「ぐひんどう」（狗賓堂）があり、毎月下旬には信濃国（長野県）善光寺から如来尊を請じて祭礼をとり行い、その賽銭の上りでハクロウの三熱の苦をまぬかれるように祈る。この如来来迎のときは、権現以下天狗全員が集まって炬松を昼間のように明るくしてお迎えする。天狗界にいたときは菓子を一度食ったきりでひもじさはまったくなく、したがって両便も今に至るまでしたことがないという。

荼吉尼天《だきにてん》の神通力が天狗に伝わる？

荼吉尼天はインドの一地方の地母神であったが、ヒンドゥー教に取り入れられシヴァ神の妻カーリーの侍女として、凶悪な存在となり、仏教では人の血肉を摂る恐ろしい神となり、人の死を六か月前に予知する神通力をもつとされた。このことから日本では、神通力を授ける神として僧や修験者に信仰され、狐を通じて稲荷神と習合したり、天狗信仰と結びついて飯綱権現《いいづなごんげん》と垂迹《すいじゃく》（仏・菩薩が仮の姿で現れること）したりした。

このように荼吉尼天のルーツは天狗とはまったく違ったものであるが、天狗と同一視されて信仰された。

稲荷神・不動明王・天狗の習合した飯綱権現

稲荷神と習合したヒンドゥー教の邪神荼吉尼天（＊）

飛行する轆轤首《ろくろくび》と伸縮する轆轤首の怪

轆轤とは紐や縄などで物を回転させたり、引き上げたり、削ったりする道具であるが、轆轤首とはこの紐縄のように長く伸びる首の妖怪である。この妖怪には大きく二種あり、首が胴体から抜け出て飛行するもの、これは「抜け首」「飛頭蛮《ひとうばん》」ともいい、もう一つは首が長く伸びるものである。

江戸時代には、昼間は普通の人であるが、夜に寝ると自分でも気が付かずに首が抜け出てどこかをさまよい、夜明け前に戻ってきて胴体に戻るという説話が多く残されている。この話の元は中国と見られ、寺島良安著『和漢三才図会』（巻十四）の「外夷人物」の項に、飛行する轆轤首の話がある。その一話の概略を次に記す。

『太平廣記』には、山（ヒマラヤ山脈）の南の渓河の洞窟の中に、ときどき首が飛ぶ人間が住んでいる。その人間は、首に紅い糸筋のようなものが付いていて、夜になると、妻や子どもが見ている前で、首がたちまちに抜けて飛行し、岸辺の泥の中の蟹や蚯蚓《みみず》を食べ、暁方になって戻ってくるといい、その男は夢うつつで何も覚えていないという。

次に、『甲子夜話《かっしやわ》』（文政四年〈一八二一〉、肥前平戸の藩主松浦静山著）に収録されている轆轤首の女の話を紹介しよう。

西尾七兵衛という拳法家の女中が轆轤首だというので、能勢源蔵という侍がその事実を確かめようと、ある夜、女中の寝室を秘かにうかがっていると、女中の胸のあたりより何かが立ち昇るものがあり、よく見ると釜から水蒸気が昇るようで、次第に濃くなって肩から上が見えなくなった。と見る間に女中の首は欄間《らんま》あたりに上がっていて、晒《さら》し首《くび》のようであった。源蔵と一緒に覗いていた者が驚いた気配で、女中が無意識に寝返りをすると、その水蒸気のようなものは消えて、首は女中の肩に収まっていた。…七兵衛は女中に暇《いとま》をとらせたが、本人は自分が轆轤首であることはまったく知らないようであった。

これについて松浦静山は「奇異のこともあるものなり。予、年頃轆轤首といふものことを訝《いぶか》しく思いたるにこの事実を聞きぬ」と結んでいる。

空中を浮遊する轆轤首。鳥山石燕『百鬼夜行』

また、十返舎一九の『怪物輿論』にある話のあらすじを次に記す。

「筑紫（九州）の磯貝平太左衛門武運は、仏門に入って回龍と称して諸国を遍歴していた。回龍は甲斐国（山梨県）の山中で樵《きこり》の好意でその家に泊まった。その家には四、五人の男女がいた。一部屋を与えられた回龍が、夜中に喉《のど》が渇いたので炉端にいって湯を呑もうとすると、そこに寝ている人たちの首が一つも無いことに

江戸時代末には轆轤首の見世物がでた。黒幕を背景に、裏から若い女が幕の合せ目から顔だけを出し、肌色の布を貼り提灯のように筒状にした作り物の首が黒幕の前から女の襟元に差し込まれている。そして音曲に合わせて轆轤首が上下左右に動く仕組みである。背景が黒く、現在のような照明もないので、本物らしく見えて人気があった。

葛飾北斎の描く轆轤首の女と三ツ目の妖怪。『北斎漫画』

気がついた。回龍は内心大いに驚いたが、中国では、飛頭蛮《ひとうばん》という病気があり、眠っている間は首が胴から抜けて遊行《ゆぎょう》するという話を思い出した。それによれば、首が抜けた胴体を別の場所に移しておくと、戻って来た首は自分の納まる胴体がないので、三度地上を転がって死んでしまうことに気がついた。

回龍は、樵の胴体だけ外に放り出して、そっと窓から外を覗いていると、垣根の外で五つの首が舞い上って、空中を飛んでいる虫を追いかけて食べていた。そのうち樵の首が〈今夜泊めてあげた旅僧は肥えていて美味そうだから、あとで料理をして皆で食べよう。奴が寝入ったかどうか見てこい〉と指示をしていた。そして一つの首が家の中に戻ってきてぐるぐると回っていたが、慌てて飛びだし、〈あの坊主の姿が見えない。あなたの胴体もない〉と報告をしたので、五つの首は急いで家の中に飛び込んだ。潜《ひそ》んでいた回龍が現れると、四方から首が襲いかかってきた。回龍が棒で払いのけると、首は敵《かな》わないと悟って胴体に納まって逃げ出したが、樵の首だけは納まる胴体がないので、回龍の衣に食いついてきた。その首はいくら離そうとしてもとれなかったので、回龍はその生首をつけたまま諸国を回った」という話である。

私見であるが、百鬼夜行《ひゃっきやぎょう》の鬼は、もともとは生者が怨念をもったまま死に、怨霊となって現れたものであり、歴史上の幾たびの戦争や、刑罰などで、多くの人々が、首を落されたことを考えると、それらの怨霊が生者の首を借りて、闇夜に徘徊するという構図も考えられるかも知れない。じっさい、前述の説話の後日譚では、樵の生首を威しに便利だといって譲り受けた盗賊が、恐ろしくなって首を埋め、供養して首塚をたてたという話になっている。

さて、以上は首が飛行する話であるが、次にするすると伸びていく轆轤首の説話をあげよう。江戸時代末期の博学者である伴蒿蹊《ばんこうけい》の『閑田耕筆』（巻二）に、

「俳諧師に遊蕩一音という男がいて、新吉原で美貌の遊女と馴染になったが、仲間があの女は轆轤首だというので、居続けをして様子を窺うと、ある夜中にその遊女の首が枕から三十センチも伸びた。一音が驚いて大声を出すと、不寝番の妓夫太郎や楼主が飛び込んできて一音をなだめて酒肴でもてなし、これが評判になると店に疵《きず》がつくので内緒にしてほしいと平身低頭で頼まれた」という。

月岡芳年の描く轆轤首。『新形三十六怪撰』

遊廓で酷使されて衰弱した遊女が、夜に灯油を嘗《な》めながら明かりを灯《とも》す姿の影は、首が異様に長く見えることがあったかも知れない。

「御伽草子に描かれる酒呑童子の物語」の項で、空中を飛ぶ酒呑童子の首が源頼光を襲う場面（一一九ページ）があるが、首と妖怪は切っても切れない関係にあることは確実である。

大入道《だいにゅうどう》だいだらぼっちと巨大化《ばけ》地蔵《じぞう》

神話には日本に限らず、巨大な人間の姿をした神がよく登場する。『古事記』や『日本書紀』にも巨人がでてくる。伊弉諾《いざなぎ》、伊弉冉《いざなみ》が国生みをした後に、句句廼馳《くくのち》（久久能智《くくのち》）の樹木の守護神を生んだが、この巨大な神が大地に立って、まだ低く垂れこめていた大空を高くしたという。

『常陸国風土記』にも巨人が登場し、大櫛の岡の地名について、巨人が食べ捨てた大蛤の貝殻が積もったものと、その由来を説明している。江戸時代の高田与清の『松屋筆記』には、「だいだらぼっち（大太法師）という巨人がいて、富士山を背負おうとして踏ん張ったときに窪んだ足跡が相模国の大沼になったとしている。とくに中部から東北にかけて、巨人伝説が多く、これは『常陸国風土記』の影響と思われる。この「だいだらぼっち」の語源には諸説あるが、アイヌ語の「ダイ」（小山）、「タラ」（背負う）という説が一番自然なように思う。

また『古今著聞集』（巻十七変化第二十七）にも妖怪が大入道に変身した説話があるので、そのあらすじを紹介しよう。

「主殿頭《とのものかみ》（主殿寮の長官）の光任朝臣は法住寺建造に、息子の近江守仲兼を奉行とした。ある日、仲兼が建設現場から帰るとき東寺の辺りで日が暮れた。供の者たちは牛車の先を

大入道のだいだらぼっち。『怪談百鬼図会』

巨大化地蔵（首斬地蔵）。山東京伝『本朝酔菩提全伝』

歩いていたので、後には誰もいなかった。仲兼が牛車の御簾《みす》越しに後方を見ると、白の直垂《ひたたれ》を着た法師がついて来るので、怪しく思ってよく見ると、父の光任が召し使っていた中間で、不祥事のため追放した次郎であった。仕返しに来たものと悟って、太刀を握って〈貴様は次郎坊主であろう。何のために後をつけてくるのだ。怪しい奴〉と走り寄ると、その法師はみるみるうちに大入道の姿に変じて、仲兼の髻《もとどり》をつかんで空中に引き上げたので、太刀を抜きざまに上の方に斬りつけた。手ごたえがあって、仲兼は投げ出され、白襖の狩衣は返り血で赤く染まった。重傷を負った仲兼は手当てを受け、悪魔祓いの祈祷で蘇生した」という話である。上図は、木仏地蔵に取り憑いてたちまちに巨大な化《ばけ》地蔵《じぞう》となった妖怪を退治する山東京伝の読本の挿絵であり、ともに巨人妖怪譚である。

産女《うぶめ》、雨女《あめおんな》から雪女《ゆきおんな》へ。そして雪男の見越入道《みこしにゅうどう》

雪女を物《もの》の怪《け》の仲間に入れるには、ある種の躊躇《ちゅうちょ》があるのは私ばかりではないだろう。というのも、東北から越後にかけての雪女はすこぶる美しい女として現れるからである。大田南畝《おおたなんぽ》は『四方《よも》のあか』「雪女賛」の中で次のように書いている。「雪の白きを白しとするは、脛《はぎ》の白きを白しとするが如き歟《か》。脛の白きを白しとするは、肌の白きをしろしとするが如き歟。雪は女の肌にして、女は雪の肌になり。怪《あやし》きを見て怪まざれば、怪みおのづから消ゆるとなん」「名にしおふ師走女《しはすをんな》の化粧より、空おそろしき雪のしらばけ」と雪女に賛辞を表している。喜多川歌麿も『百物語』の大首絵で雪女を白無垢の花魁《おいらん》姿に描いている。

とはいえ、雪女は雪の夜にでる妖怪で、雪の精、雪女郎、雪女御《ゆきにょご》などと呼ばれている。雪女が登場するのは、平安から室町時代頃からで、出産のために死んだ女の霊が「産女《うぶめ》・姑獲鳥《うぶめ》」という霊鳥になって、夜中に飛んで子どもを襲うという説話がもとになって生まれたと思われる。『今昔物語集』（巻二十七）「頼光郎等、平季武、値産女語《さんせるをむなにあへること》 第四十三」に「此の産《さんせる》女と云ふは、…女の子産《うま》むとて死《しに》たるが霊《りょう》に成《なり》たると云ふ人も有《あり》」とある。

この産女が母胎となって、雨の夜が雪の夜の舞台となり、さらに雪の精として純白の美女に発展していったと思われる。また、夜に客を引く遊女のイメージなども習合しているであろう。鳥山石燕の『百鬼夜行《ひゃっきやぎょう》』や李冠充賢の『怪物画本』には、雨女、雨女郎の図があり、「もろこし巫山《ふさん》の神女は朝《あした》には雲となり、夕べ

雪女の母胎となったと思われる産女《うぶめ》・姑獲鳥《うぶめ》。李冠充賢『怪物画本』

雪女。而緇斎『古今百物語評判』

雨女。李冠充賢『怪物画本』

には雨となるとかや。雨女もかゝる類《たぐゐ》のものなりや」とある。

謡曲の『雪鬼』には、在原業平が片野の狩の宿で契りを結んだ女性が春の陽射しの中に消えて行くという場面があり、「名はいにしへに業平の、片野の雪女あだにそ思ひ給ひそ」と、雪女の言葉がでてくる。

雪女にまつわる説話は裏日本を中心に数多くあるが、ここでは、小泉八雲の『怪談』の中に、浮世草子の『ゆき女物語』を題材として書いた「雪女」という昔話があるので、そのあらすじを次に記す。

「茂作《もさく》という老人と若い箕吉《みのきち》という樵人《きこり》が山から戻る途中で、激しい雪に遭って渡船場の小屋に避難したところ、雪女が現れてかぶさり、茂作は死んでしまった。箕吉は若く美男であったので、雪女は自分のことを他言しないという約束を守らせて、箕吉を助けた。翌年の冬のある日、箕吉は夜道でお雪という美しい娘に逢い、心ひかれ、お雪を妻とした。お雪は年ごとに子を生み夫婦は十人の子持ちとなった。お雪は夫婦となって十年以上経っても、逢ったときと少しも変わらぬ美貌で、かつて渡船場であった雪女の容貌にもよく似ていたので、不思議に思っていた箕吉はうっかり、その当時のことをお雪に話してしまった。するとお雪は顔を厳しくして〈あのときの雪女は私です。あのときにもし他言をしたら殺すといったでしょう。それをあなたは喋ってしまった。私はあなたを殺さなければならない。しかし、あなたは十人の子を養う義務があるので殺すことはしません。ただし今後子どもたちがあなたに不満をもつようなことがあったら生かしておきません〉といって雪が溶けるように消えていった」という話で、約束違反をしたり、本態を知られたら、一緒には暮らせないという、人と獣、人と妖怪との交婚説話となっている。

さて、雪男の見越入道であるが、これは背の高い樹木や竹が、雪の重みでたわんだものを大入道と見立てたものであり、『和漢三才図会』（巻四十）では、「背が高く無髪で、背後から覆うようにして人を見下ろす。…中国の南康にいる〈山都〉という神に似ているとしている」とある。下図の見越入道の図は、恐ろしさに欠けるがユーモアのある風貌に描かれている。

雪女。鳥山石燕『百鬼夜行』

見越入道。『和漢三才図会』に後から覆うようにして人を見下ろすとある。高い樹木や竹が雪の重みでたわんださまを入道と見たものとされる。李冠充賢『怪物画本』

山人的な物《もの》の怪《け》（1）山童《やまわろ》

古代より、里人にとって山は、つねに盗賊や鬼、百鬼夜行《ひゃっきやぎょう》の妖怪が暗躍する危険な地帯であり、また神仙の住む神の領域でもあった。ようするに、都の権威のおよばない無法地帯であり、高山の頂は天空の神域に最も近い聖地であった。

最初の「山童《やまわろ》」は半人半獣の動物とされ、裸で直立して歩く。狒狒《ひひ》の類ともいわれる。『和漢三才図会』（巻四十）では「山㺐」ともあり、次のように解説している。「神異記によると西の方の深山に棲んでいて、高さは現在の長さに換算すると約三メートル、いつも裸で沢の蝦蟹《えびかに》を捕って、人の焚火で焼いて喰ったりする。人が危害を加えようとすると、仕返しに寒気や発熱を生じさせる」とある。

また橘南谿の『西遊記』（巻三）には、さらに具体的な説話がある。その概略は次の通りである。

「九州の西南の山には〈山わろ〉という怪物が棲んでいる。姿は猿に似ているが人間のように立って歩き、肌には黒い毛が密生している。山寺などに忍び込んで食物を盗んだりするが、塩気のあるものは嫌う。樵《きこり》が深い山に入って木を伐り出すときに峰や谷を越して運ぶのが困難なときには、この山わろに握り飯を与えれば、どんな大木でも軽々と運んでくれる。しかし、運ぶ前に与えると食い逃げをしてしまう。運ぶときは人の前に立つことを怖れ、必ず後について来る。人が害をおよぼさない限りは人に害をなす事はないが、人が山わろに害意をもつと、すぐ察知して祟りを与え、人は発狂したり大病になったり、ときには家が燃えてし

山童。鳥山石燕『百鬼夜行』

まうことがあるので、人は慎重に接している」。また、これに続いて、夏は山に棲み「山わろ」と、夏は河に棲み「河太郎（河童）」と呼ばれるとあり、河童との関係性も深い。肥後国（熊本県）人吉付近では、河太郎に対して、山童を山の神の「山ン太郎」と呼ぶこともある。

山獠《やまわろ》。『和漢三才図会』

山人的な物《もの》の怪《け》（2）山精《さんせい》、玃《やまこ》

山精《さんせい》（「やまびこ」ともいう）は、字義から見ても、山の精気が凝り固まって生じた妖怪といえる。『和漢三才図会』（巻四十）には、「山精、かたあしの山おに」とあり、さらに「『永嘉記』によると、…一本足で高さは、現在の長さで約三十センチ。よく樵の塩を盗んで山蟹を捕らえて、火に炙って食うという。人がこの山精を犯さないのは仇をされるのを怖れるからである」、「『抱木子』によると、山精は子どものように小さく、一本足は後向きで、夜に出没して人に害を与える。人が魃《ばつ》と呼ぶと人を害することができない」とある。

これらの記述は、落人伝説や里と隔絶した山岳民、さらには山に迷いこんで山人となった里人などに置き換え、それらの人々と交流した里人の伝承と考えると、そのまま理解できるようなところもある。一本足の山精は、負傷した落人であるかも知れない。

次の玃は、『本草綱目』によれば、猴《さる》に似て大きく色は蒼黒で、山中を行く人の荷物をかすめ取ったりする。雌はいなくて雄だけなので、よく人間の女をさらって子を生ませるという。『和漢三才図会』（巻四十）にも収録されていて、それによると、「日本の飛騨、美濃（岐阜県）の奥深い山中に棲んでいる動物がいるが、猿のようで、大きく、黒の長毛に覆われていて、立って歩く。よく人の言葉を話し、人間の心を読むという賢さである」とある。これも前項の里人との交渉による伝承と考えると説明がしやすい。

山精。図中には「もろこし安国県に山鬼あり。人の如くして一足なり。伐木人のもてる塩をぬすみ石蟹を炙りくらふと永嘉記に見えたり」とある。鳥山石燕『百鬼夜行』

山精。『和漢三才図会』

玃《やまこ》。『和漢三才図会』

玃《やまこ》（覚《さとり》ともいう）。鳥山石燕『百鬼夜行』

河童《かっぱ》は身近な小悪魔

山の童は「山童」であり、川の童は「河童」である。日本全国に分布する河童の形態は、ほぼ江戸時代に完成されたといってよい。この河童は水生の妖怪視された幻獣で、中国の水虎《すいこ》や水唐《すいとう》、水蘆《すいろ》といった水中の妖怪が日本に移入して、亀や獺《かわうそ》などの誤認による幻覚がサブリミナル的に習合して川の妖怪として完成したものと思われる。しかも最も実在を信じられた身近な妖怪である。河童は全国の方言でさまざまに呼ばれたが、口頭の呼び名としては川の童《わっぱ》の意で、「かっぱあ」「がわっぱ」「かわっぱ」「がらっぱ」「がわたろう」「がわたろ」「かたろ」「がわた」「があたろう」「がわら」「かわら」「かうらわらわ」「かうこ」「かわのとの」「みづし」「ぬし」などと呼ばれた。

漢字表記的には「川太郎」「川原小僧」「川小僧」「川童子」「川小坊主」「川僧」「川郎」「川子大明神」「水天宮」「水神《ひょうすぼう》」「猿猴《えんこう》」などとさまざまに書かれた。また、河童が馬を水に引き入れるという話から、松前では「こまひき」とも呼ばれた。西洋風にいえば、河童は水辺に潜む身近な小悪魔であろう。

さて、この河童の文字の「童《わっぱ》」という字は、「酒呑童子の〈童子〉のもつ意味」（一二〇ページ）で説明したが、この「童」という字は子どもという意味ではなく、卑しんだ意味である。つまり、川や水辺に棲む卑しい奴の意味で、人間にとっては、害をもたらす存在であった。鬼として恐れられた酒呑童子や悪虐の極みをつくした茨城童子などがその例である。そのため、子どもが水難事故で死んだりするとかならず河童の仕

水虎《すいこ》。中国の水中の怪獣。日本の河童の原型の一つとされる。鳥山石燕『百鬼夜行』

獺《かわうそ》。これも日本の河童の原型の一つとされる。鳥山石燕『百鬼夜行』

業とされたのである。

さて、河童は前述のごとく、川の多い日本の地勢を反映して全国津々浦々に説話があるので、整理をするうえで、全国の河童譚を通覧しながら、次に河童の特徴を箇条書きしてみよう。

1、河童の身体は小児くらいの大きさで、背中に甲羅がある。全身に毛が生えている場合もある。

2、身体は青黄色で粘液に包まれている。

3、頭部は周囲に毛がある「お河童頭」で、頭部の上には窪みがあって水をたたえている。そこに水があると強力であるが、水が干上がると力が弱くなるという性質がある。

4、手足には水掻きがあり、鼻は突き出ていて狗《いぬ》または猿に似ている。口は嘴《くちばし》のような形をしている。

5、臀部には肛門が三つあり、短い尾を持ってる。

6、鳴き声は赤子のようである。

7、水中の魚を食べ、胡瓜、西条柿を好み、鉄気《かなけ》のあるものを嫌う。

8、人や馬を水中に引き込んで殺して尻子玉（肝）を抜いて食ったりするが、悪戯者で、人に相撲を挑んだりする。

9、人の心を読み取るのが上手な反面、すぐ人に捕まったりする。

以上が、日本全国の河童の説話に見られる特色である。

次に河童についての説話を一つ紹介しよう。

北斎の描く河童。『北斎漫画』

河童。生生端馬『今古奇談一閑人』

河童。鳥山石燕『百鬼夜行』

赤松宗旦の『利根川図志』(巻二)に左図に示した「ねねこ」という河童のことが記されている記述があるので、現代訳をして次に記す。

かっぱは『本草綱目』渓鬼虫に記されている水虎に当たるとされているが、厳密にいうと正確ではない。『逸周書王会解』に「穢人は前児《やまわろ》、良夷は在子」と記した所の注に「在子はスッポンに似た体で、頭は人の体、その腹に脂を塗って豆の葉であぶるとすぐに在子と鳴く」と書いてあるのがそれであろう。『望海毎談』によると「利根川には〈ねねこ〉と名付けられたかっぱがいる。かっぱは毎年その居場所を変えて棲むが、土地の人たちは場所を変えてもすぐ知ってしまう。かっぱのいる所に近い人々にはその禍がおよぶといわれている」。そのためかっぱの被害話は多い。『牛山活套』中巻には「筑紫地方では、かっぱの祟りが多い。かっぱにやられたときはすいかずら(忍冬)の花を煎じた湯を用いると大変よく効くといわれているから、やってみるべきである」とある。手や指を切り落としたときの薬としての方法をかっぱから伝授されたという話は疑わしいが、あるいは本当のことかもしれない。似たような話が中国の『堅瓠《けんこ》廣集』(巻六)の耳談にある。その話は「黄陂江の尉が銀を持って京に行く途中で、盗賊に襲われて指を二本切られた。五日後京について医者に傷の痛みを治してもらうように頼んだ。仇総戒門下の医者は傷口を見て、この傷なら指をふたたびつなぐことができるといった。幸い尉の切り落とされた指は従者が持っていたので、医者はこの指を合わせて何回か薬を塗り薄板で副《そ》え木をしていると指はもとのように癒着した。…」。斬傷《きりきず》の薬には片脳や象牙・降香《ごうしんこう》などいろいろな薬があるという。かっぱから伝授されたという話も全面的には否定できないと宗旦は医者らしい記述をしている。

河童たちに囲まれる人。漁獲したウナギを奪おうしているのか、水に引き込もうとしているのか。『倭文麻環』

『善悪児手柏』に見られる河童。（＊）

赤松宗旦『利根川図志』に見られる河童。

河童《かっぱ》が川をくだり海童《かっぱ》となる

海に下った河童が水戸浦で捕らえられた記録が朝川鼎の『善庵随筆』にある。その抜粋を紹介する。

「当六月朔日　水戸浦より上り候河童丈三尺五寸余、重十二貫目…たたき打殺申候。其節迄やはり赤子の鳴声同様に御座候。…青くさきにほひ、末去り不レ申候。尻の穴三ツ有之候。総体骨なき様に相見え申候。屁の音はスッスッと計し申し候。打候へば、首は胴の内へ八分程入申候。胸肩張出…」とあり、これは享和元年（一八〇一）のこととある。

また、左図（海童図）が収録されている山東京伝の『於杉於玉二身之仇討《ふたみのあだうち》』の文中に海童について次のように記述されている。

「大きさは子牛の如く、頭《かしら》は鳶色《とびいろ》（茶褐色）の毛を生じて腰まで垂れ、顔は猫に類し、両眼の光、稲妻のごとくにて云々。両の手に水掻《みずかき》ありて、爪は刀の如く、両足は魚の如くにて歩む事ならず、背中に五色の苔あり、腰のまはりに、色々の貝、海草など附きて、岩の如く、腹は黄色にて蝦蟇《がま》の腹の如し。云々。船頭いひけるは、これは海童と申して、この海に棲む獣《けもの》なり。常に渡海の船を守り、鰐鮫《わにざめ》を喰ひ殺す獣ゆゑに、この海には鰐鮫棲《す》まず」

今日でも、アザラシの類の北海の海獣が、漂流して南下し、各地の沿岸や河川に現れることはたびたびあるので、往時、そのような海獣を見ることのなかった人々が怪獣としたことは不思議ではないかも知れない。

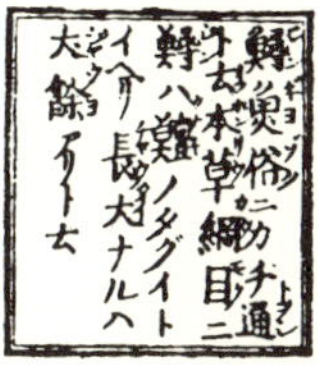

悪魚を喰らう海童図。山東京伝『於杉於玉 二身之仇討』歌川豊国画

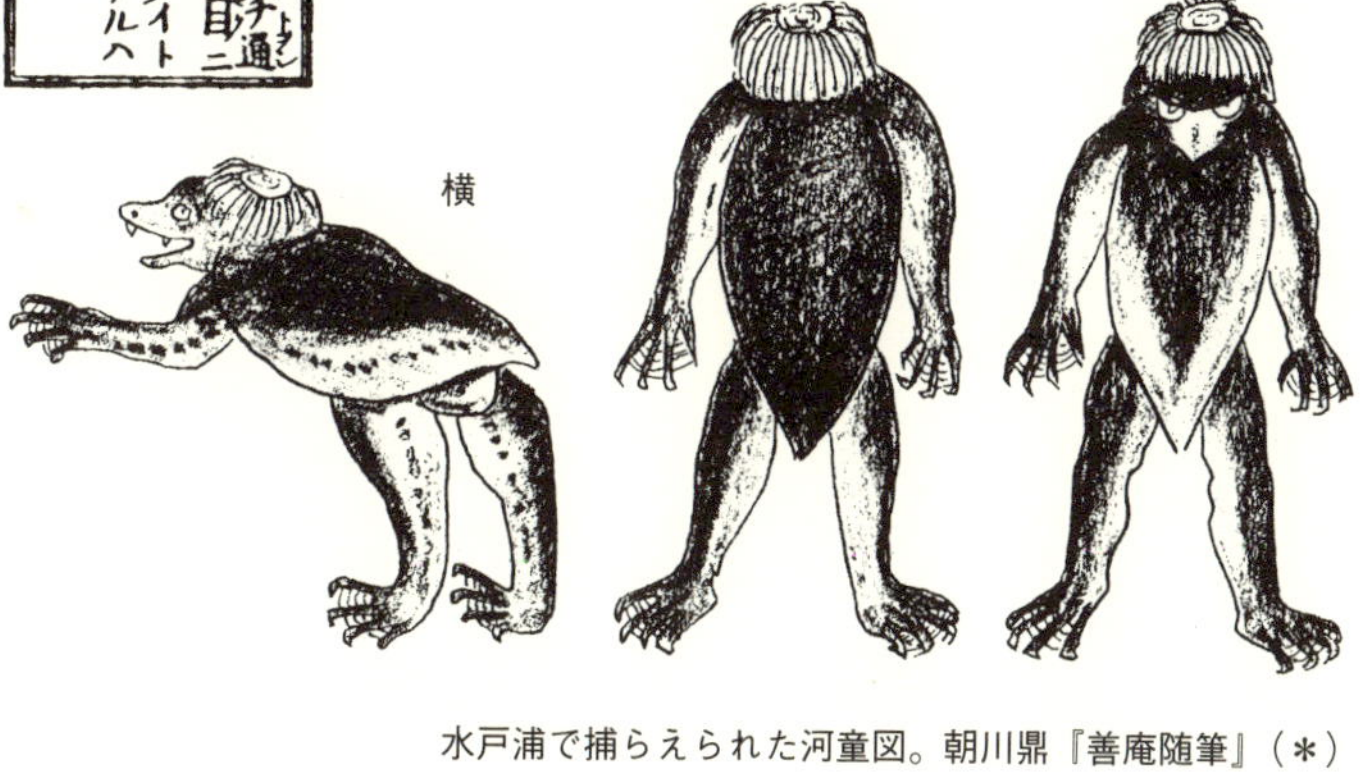

水戸浦で捕らえられた河童図。朝川鼎『善庵随筆』（＊）

海人《かいじん》と海坊主《うみぼうず》現る

いよいよ擬人的物の怪も山から川へそして海へでてきた。手足に水掻きがついているほかは人間と変わらず、海坊主に現れかたが似ている海人とも呼ぶべき物《もの》の怪《け》がいる。『大和本草』には、「海に棲む。それは全く人と変らない。頭髪、鬚、眉まであるが、ただ手足の指は水鳥のように蹼《みずかき》があって言葉は喋《しゃべ》れず、食物、飲料を与えても食べない。腰のところにひらひらした肉皮があって袴を垂れたようなところが一寸異なっているだけで、あとはすべて人と同じである」とある。蘭方医広川獬の『長崎見聞録』には、「海人、全身に肉皮ありて、下に垂るること袴を着たるに似たり。其余は人体に異ならず。手足に水かきあり、陸地にのぼり数日置くも死せざるものなりとぞ」とあり、人魚の異名ともいえるが、アシカやアザラシなどの海獣か、漂着した異国人かも知れない。

さて、海坊主であるが、海坊主は船入道、海和尚、海小僧、海法師、次の項で述べる船幽霊とも呼ばれる物の怪である。日本は周囲が海のため、海坊主の被害にあった説話は

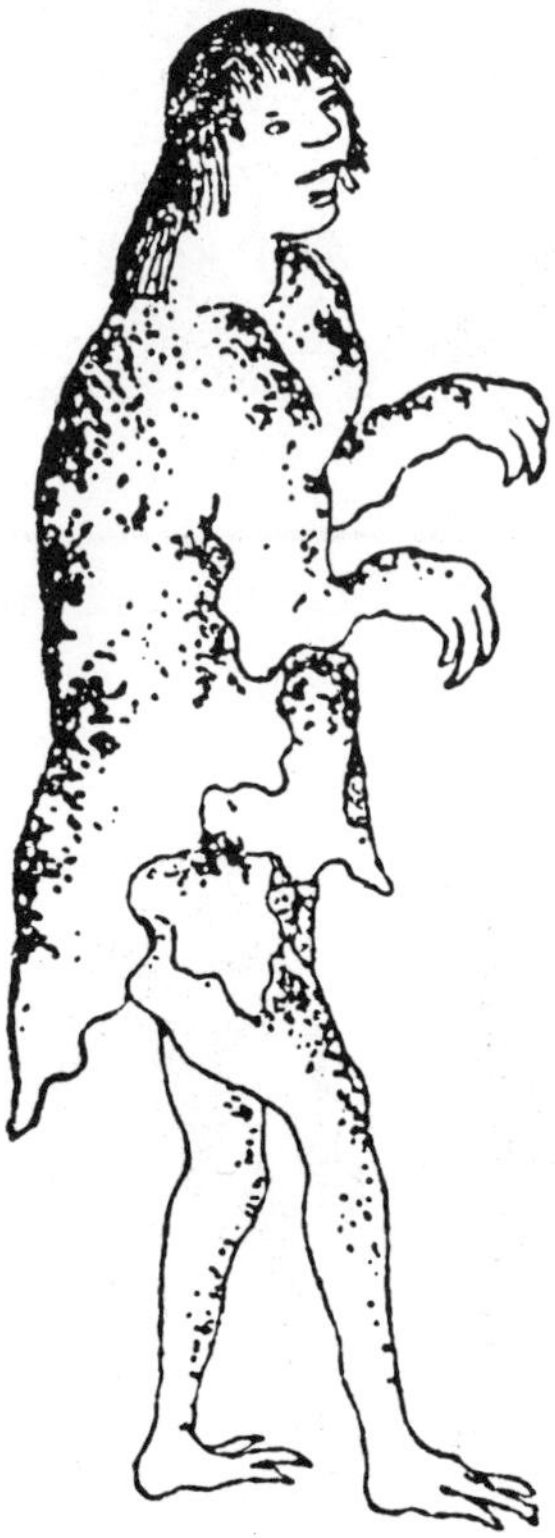

海人。『長崎見聞録』

海坊主。『怪談大団扇』

数多くある。そのいくつかを紹介しよう。江戸中期の『本朝語園』には、「船入道といふ者あり。長さ六七尺ばかりありて色黒く、目鼻手足もなくて海の上にあらわる。箇様の者出来《いでき》たらば者言ふべからず。若しあれは如何なるなどと言えば其の形貌を見るべからず。又その詞の終らざるに船破るといえり」とある。また、江戸後期の『雨窓閑話』には、「或者の物語に桑名の徳蔵といふ者名ある船乗の名人にて、…背の高さ一丈許りの大入道、両眼は鏡へ朱をさしたるが如き妖物《ばけもの》出で徳蔵に向かって、我が姿は恐ろしきやといひければ、世を渡るの外におそろしき事はなしと答へれば、彼の大入道忽《たちま》ちに消え失せて波風も静まりければ、徳蔵はからき命を助かりけるとぞ」とある。

往時の船が難破の危機に陥ったときなど、漁師が幻覚でイルカなどを海坊主に見たこともあったのであろう。大海の中はそれだけ孤独で不安な世界なのである。

海に沈んだ怨霊《おんりょう》　船幽霊《ふなゆうれい》現る

海坊主とならんで、船を襲う物の怪《もののけ》に船幽霊がいる。幽霊船、亡霊船、亡者船、迷い船などとも呼ばれる幻想の船である。船幽霊は風に逆らってくるとか、船の灯が海面に映らないとか、船幽霊を見分けるには袖の下から見ると分かるなどという伝承もある。また、「柄杓《ひしゃく》を貸せ」といって、柄杓で海水を船にかけて沈めようとするため、気のきいた船人は、あらかじめ海水を汲むことができないように、柄杓の底を抜いておくという。いずれにせよ、船幽霊は海で死んだ者の怨霊で、同じ死の世界に船人を誘い込むために現れるのである。

江戸後期の随筆家の山崎美成の『世事百談』(巻三)に「舟幽霊の事」として、想像力豊かな叙述があるので、少し長文であるが、紹介しよう。

「海上にて覆溺《ふくでき》の人の冤魂夜のまぎれに行かう舟を沈めんとあらはれいづるよしいうことなり。唐土の鬼《き》哭灘《こくだん》という所は怪異《けい》いと多く、舟の行きかかれば、没頭隻手独足短禿《とく》(坊主頭で両手があって足一本)の鬼形とて、首のなき片手片足のせいひくき幽霊、百人あまり群がりあらそい出来《いでき》りて舟を覆《くつがえ》さんとす。舟人の食物を投あたうれば、消失せるといえり。

わが邦の海上にもままあるなり。一握ばかりの綿などの風に飛び来るごとく、波にうかみ漂いつつ、やがてその白きもの、やや大きくなるにしたがい、面《かお》かたちいでき、目鼻そなわり、かすかに声ありて、友を呼ぶに似たり。忽《たちま》ち数十の鬼あらわれ、遠近に出没す。已《すで》に船にのぼらんとするの勢ありて、舷《ふなばた》に手をかけて、舟のはしをとどむ。舟人ども漕行のがるることあたわず。鬼声をあげて、いなだかせという。そのものをいう語音分明なり。こは舟人の俗語に大柄杓《おおひしゃく》をいなだと名ずくる故なり。さて事に馴れたる者、柄杓の当《そこ》をくり抜き去て、海上に投あたふれば、鬼取りて力をきわめて水を汲みいれてその舟を沈めんとするのおもむきあり。もし当《そこ》あるものをあたうれば、波をくみて舟を沈むといえり。また風雨のよるは海上の舟道の目あてに、陸《くが》にて高き岸に登り、篝火《かがりび》を焚くことあり。鬼もまた洋中《おきなか》に火をあげて、舟人の目をまよわす。それによりて人みな疑いをおこし、南なるが人の焚《た》くにや、北にあがるが鬼火かと舟道を失い、かれこれと波に漂ふひまに終に鬼のために誘われて溺死し、彼と同じく鬼となることもあり。

　ある舟人の物語りに人火は所を定めて動かず。鬼火は所を定めず右に

琵琶を背負う海座頭。平家の最期を語らんとするか。
李冠充賢『怪物画本』

あがり、左にかくれ、鬼猶且遠く数十の偽帆をあげて走るがごとくす。人もしこれに随て行くときは、彼がために洋中《おきなか》に引《ひか》るるなり。これも人帆は風にしたがいて走り、鬼帆は風にさからいて行くといえり。されどもこの場にのぞみては事になれし老舟士といえども、あわてふためき、活地に出ることかたきものとぞ」とある。この船幽霊の話は世界にも数多くあり、ホメロスの『オデュッセイア』のスキュラ、カリュブディスは同様に航海者に害を加える存在として登場する。

さて、謡曲『船弁慶』には、義経一行が阿波に逃れようと船出して大物浦まできたときに、壇ノ浦の戦で源氏軍に追われ「見るべき程の事は見つ」と入水した平家の武将平知盛《とももり》（清盛の子）が船幽霊となって現れる場面がある。その箇所を次に掲げよう。

「あら不思議や海上を見れば、西国にて滅びし平家の一門、おのおの浮かみ出でたるぞや、かかる時節を窺ひて、恨みをなすも理《ことわり》なり。…声を知るべに、出で舟の、声を知るべに、出で舟の、知盛《とももり》が沈みし、その有様に、また義経をも、海に沈めんと、夕波に浮める、薙刀《なぎなた》取りなおし、巴《ともえなみ》波の紋、あたりを払ひ、潮《うしお》を蹴立《けた》て、悪風を吹き掛け、眼《まなこ》もくらみ、心も乱れて、前後を忘《ぼお》ずる、ばかりなり。弁慶押し隔て、打ち物業《わざ》にて、かなふまじと、数珠《じゅず》さらさらと押し揉みて…祈り祈られ、悪霊次第に、遠ざかれば」とある。

この場合は、史実を踏まえた謡曲の作品であるが、死んだ者の果たされない怨念が幽霊となって現れる構図は鬼であり、その意味で、「I鬼の文化史」の系譜につながるものであり、栄枯盛衰、まさに奢れる者は久しからずの人間たちの歴史ドラマである。

壇ノ浦の戦で入水した平知盛が、その怨念から船幽霊となって現れる。月岡芳年画

人魚《にんぎょ》の正体はなにか

古代、大陸に住む人間にとって、天と海は見えていながらも、つねに想像の世界であった。太陽と月と星の煌《きら》めく天は神々の世界であり、海もまた遥か沖には桃源の仙郷があると信じられていた。海上より神が渡り来る神話も数多くある。今日のように航海術と船舶の発展していない時代において、海は、つねに人智のおよばない世界であった。人魚伝説は世界中にあり、その意味で、人魚は物《もの》の怪《け》というよりは、海が人間にもたらした美しいイマージュともいえる。

中国では、古典の『山海経《せんがいきょう》』に人魚についての記述があるが、それは四つ足を持つ山椒魚や鯰類を人魚とし、その声は嬰児に似ているとしている。

今日の人魚に近い記述が中国古典の『洽聞記《こうぶんき》』にある。その中から二つほどあらすじを紹介しよう。

「海の人魚は中国の東の海中に棲んでいる。大きいのは二メートル近いのもあって、まるで人のようである。眉・目・鼻・口・頭・手にいたるまで美しい女性のようで、(上半身は)人体として備わっていない部分はない。肌は肉付きが良く、白くてまるで玉を磨いたようであり、下半身は魚体で鱗が生えているが、それに五色の長さ五、六センチほどの毛が生えている。髪の色はまるで馬の尾のようにまっすぐで二メートル近く、そして人間の成人した女性と同じような陰所をもっている。そのため、海辺の漁師はこの人魚を捕らえると池や沼に飼っておいて、人間の女性の代わりに欲望を満たした」とある。

日本髪の人魚。『竜宮羶鉢木』

人魚。『街談文々集要』

江戸時代の瓦版の鬼顔の人魚。

もう一つの話は次の通りである。

「陳安に住む丹徒の民の陳性が、ある時、海の入江に魚をとる柵を作っておいたところ、潮が引いたその柵に美しい人魚がかかっていた。潮が引いているので泳ぐことができず、砂洲に臥したままであった。その美しい姿に魅了され、一人の漁夫がとうとうその人魚を犯してしまった。その夜、陳性が眠っていると、その人魚が夢枕に現れて、わたしは江の主であるが、不覚にもあなたの作った柵にかかってしまい、動けないでいるところを、ある漁師がわたしを犯してしまいました。口惜しいので復讐をしますといって消えた。気になった陳性が、潮が満ちてくるのを待って見ていると、人魚は泳いで去っていった。そして人魚を犯した漁夫の家を訪ねると、その漁夫は昨夜急に原因不明の病気になって死亡したという」という話である。

このように人魚は、魅力的な女性で、しかも、か弱いが、人を殺傷できる特殊な霊的能力をもつ存在として描かれている。このようなイメージの人魚は、小アジアからヨーロッパの古代の神話に登場する半人半魚の神や怪物に深いつながりがあると考えられる。たとえば、カルデアの神オアネス（Oannes）、ダゴン（Dagon）は半人半魚の神である。アッシリア民族の信仰したエアも、ギリシアの海神トリトンも半人半魚の神である。また、女性の人魚として有名なセイレーンは、初めは翼を持っていて空を翔んでいたが、ムーサと戦って海に落ちて人魚の姿となったとされる。

このような古代の人魚の伝説から、ヨーロッパで定着した人魚は、きわめて美しい容貌であること。長い髪をもち金髪もしくは緑髪であること。片手に鏡をもち、もう一つの手で髪を梳《くしけず》っていること。月夜の浅

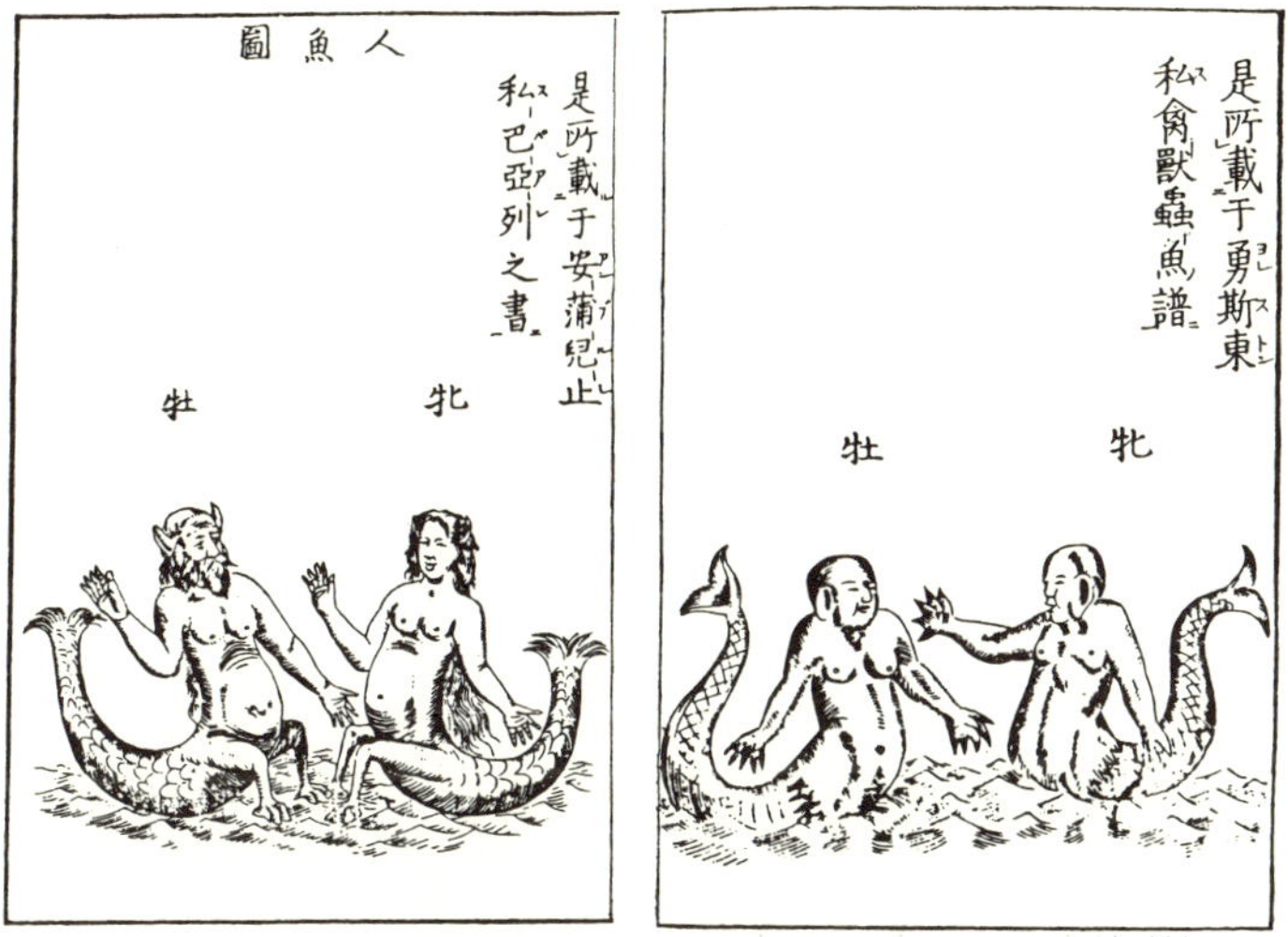

人魚。大槻玄沢『六物新志』

大槻玄沢の『六物新志』の人魚の原画となった『ヨンストン動物図説』

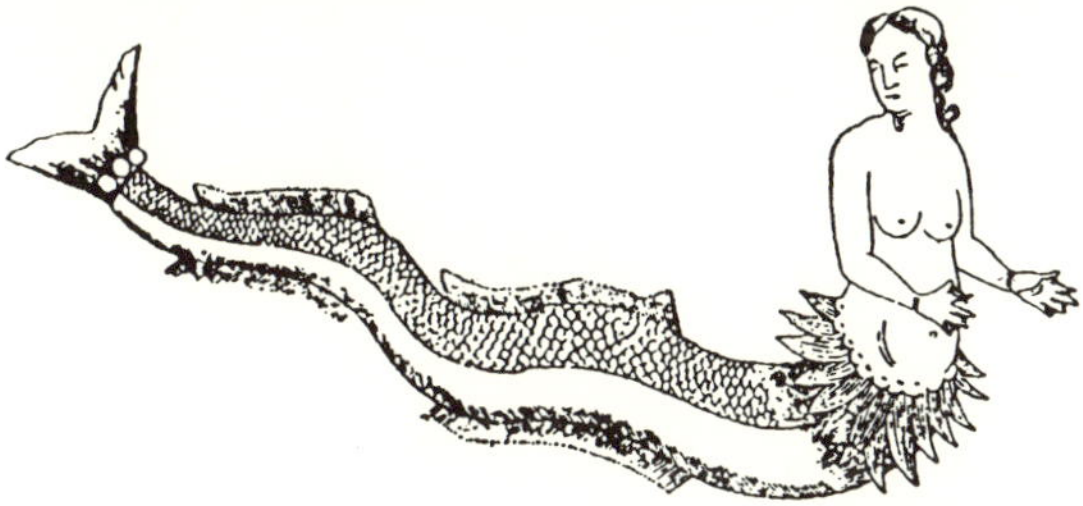

人魚。大槻玄沢『六物新志』

海や川の中に姿を現すこと。美しい声で歌い、それに惹きつけられて船乗りが近づくと、船を沈めてしまう。という特色がある。

これらの人魚像がシルクロードや海路を経由して中国に伝わり、さまざまな説話と習合して、日本に伝わったと思われる。世界的には、海牛《かいぎゅう》（熱帯・亜熱帯の浅い海に生息し海草を食べる海獣）、その一種であるジュゴンを見た船乗りの想像によるものとの説もある。

一方、日本の人魚譚を見ると、『倭名類聚鈔』に「人魚、人面のものなり」とあり、『本草綱目』では、人魚を見た人物の体験談より、性別は女であるとしている。また、『古今著聞集』には「人魚というなるはこれていの物なるにや」とあり、これらのことを考え合わせると、中世までの人魚は、中国古代の神話と地理、山や海の動植物、怪談を記した『山海経』の図像に大きく影響を受け、人にあらず、魚にあらずの姿で、山椒魚や鯰類のような四つ足の両生類や怪魚として認識されて、ほんの一部が人間に似たものと考えられていたものと思われる。そう考えると、どうも人魚が美女形であるという認識は近世から定着したように思われる。

しかし、ここに収録した図像から見ると、角の生えた鬼顔の人魚もいれば、ザンバラ髪でいかにも罪人顔の男性の人魚もいるといった感じで、あまり統一感はない。その点、前ページに掲出した大槻玄沢の『六物新志』の人魚は、明らかにヨーロッパの系譜の人魚図である。次ページ上段右図の『山海経』にでてくる「氐人」は人魚の記述はないが、水中に住むとあり、男性の人魚に近いものとして合わせて収録した。

氐人。『山海経』

人魚。『和漢三才図会』

人魚。鳥山石燕『百鬼夜行』

江戸時代の瓦版の
男顔した人魚。

多《た》頭《とう》大《だい》蛇《じゃ》の伝説

『日本書紀』や『古事記』に登場する素戔嗚尊《すさのおのみこと》が出雲国（島根県）で退治をした八岐大蛇《やまたのおろち》の神話に似た多《た》頭大蛇《とうだいじゃ》がでたという説話がある。この話は江戸後期の昌東舎真風の『諸国周遊奇談』にあり、岩見国（島根県）邑知郡出羽組岩屋村の字八ツ面と、因幡国（鳥取県）八頭地方に伝わる話である。八岐大蛇は頭が八つ、尾が八つの大蛇であるが、岩屋村の大蛇は頭だけが八つある。その多頭大蛇の図と話の概略を次に記す。

「岩見の国の岩屋村の勘三郎という農夫が八ツ面の畑で耕作をしていた。その辺の一帯は昔から大蛇が棲んでいるといわれ、人の近づかない所で、草もしげるにまかせ、森には踏み込んだ者もないとされ、その先には険阻《けんそ》な山があって頂上には大己貴尊《おおなむちのみこと》を祀る静権現の祠があり、不気味な所であった。ちょうど四月中旬の昼過ぎで暖かい季節であったにもかかわらず、勘三郎は何となく寒けがして不安な気持になったので叢《くさむら》の方を見ると、頭が八つある大蛇が鎌首《かまくび》を持ち上げ、らんらんと光る目でこちらをうかがっていた。驚いた勘三郎は鎌も投げ捨てて逃げ帰ったが、大蛇の毒気に当てられたためか、それから大熱を発して寝込んでしまった」という話である。

この山陰地方は、冒頭に書いたように日本神話にゆかりのある地であり、それらの神話が伝説となって語り継がれたものであろう。このような多頭大蛇の伝説は、世界に数多くある。ギリシア神話のヘラクレスの九頭龍退治、ドイツの八頭大蛇、フランスの七頭大蛇の伝説などが知られる。二頭蛇（両頭蛇）は蛇の一卵

岩見国（島根県）の八頭蛇の図。『諸国周遊奇談』

性双生児ともいうべきもので稀にいるようである。中国では平等蛇、弩絃などと書かれ、日本でも『看聞日記』や『北越雪譜』にも記録されている。

『和漢三才図会』には、蚺蛇《うわばみ》（蟒蛇）が記されており、『本草綱目』を引用して、「雲南山脈の南方にいて、…身体には錦模様があり、春から夏にかけては山林に棲み、鹿を呑む。…その肝は小児の病に効く」と説明している。また、耳のある大蛇が蚺蛇としているが、これは蛇が動物の体温を素早く知覚し、闇夜でも、その所在を確認できる能力によるものであろうか。

蚺蛇《うわばみ》。二つの耳があることを特徴としている。『和漢三才図会』

野守《のもり》とツチノコの怪《かい》

江戸中期の国学者・画家・俳人である建部綾足《たけべあやたり》の『漫遊記』巻一（寛政十年〈一七九八〉）に、ツチノコを巨大にしたような野守と呼ばれる大蛇の話がある。そのあらすじは次の通りである。

「長野県松代に力自慢の農夫がいて、友人と山に芝刈に行き、叢《くさむら》を分けて道を下っているとき、何か不気味な感覚のものを踏んだと思うと、左右の叢が急にざわめいて、桶のように太い蛇が襲いかかってきた。男は恐れずにこの蛇と格闘し、蛇の両顎に手をかけて口を引き裂こうとしたが、力が強くてうまくいかず、危なく巻き殺されそうになった。もう一人の男は臆病で傍《かたわ》らの木に登ってしまい、鎌もその男の腰にさしたままであったので、〈おーい、早く鎌をくれッ〉と叫ぶと、男は木の上から鎌を投げて寄越した。剛力の男はその鎌を取り、大蛇の口を六十センチほど切り裂くと、蛇は弱って男を巻き締める力が弱ったの、鎌で大蛇をずたずたに斬って殺した。

この蛇は不思議な形をしていて、長さは約四メートル、胴がすこぶる太く、頭と尾は細く、足が六本、指も各々六本あった。男がその蛇の一部だけ持って家に帰って親に見せると、大変驚いて、〈これは山の神であろうから祟りがある〉といって家に入れてくれず、小屋に住んだ。日が経つにつれ蛇は腐り、物凄い臭気のため男は病気になってしまった。そこで医者に診てもらい、入浴を重ねるなどして身体に染みついた蛇の臭気もとれてようやくに元気をとりもどした。この男を診た医者は〈その蛇は蟒蛇《うわばみ》ではなく、野守という蛇である〉といった」という話である。

たしかにツチノコに似ているところも見かけられる。ツチノコは現在でも山間部で見たという目撃者も多く、懸賞金付きの幻の蛇である。目撃者の話を総合すると、その特徴は、大きさはサイダー瓶くらいで、体長は五十センチから一メートルほど、頭部は毒蛇のように三角形で、首はすこぶる細く、尾先も細い。胴部分がいわゆるずん胴で太いという。そして蛇のようにうねって進むのではなく、跳躍してから身体を丸めて転がるように走るという。蝮《まむし》のように猛毒をもっているともいわれ、昔は犬などが噛みつかれて殺されたこともあったという。

ツチノコはもともとは「野槌蛇《のづちへび》」という。『日本書紀』では、樹木草など植物の根本である神を槌のような形をした蛇とし、それを「野槌」と呼んだ。『字鏡』には「蝮、乃豆知」、『康頼本草』には「蝮蛇、乃豆知、波美」とある。

巨大なツチノコのような野守。建部綾足『漫遊記』

濡《ぬ》れ女《おんな》の妖蛇《ようじゃ》は、なぜか若い男の血がお好き

越後国（新潟県）と会津地方（福島県）の境に檜の森という深山があり、ここはダニの一種で刺されると大熱となるツツガムシ（恙虫）の発生地として知られる。この地方には、人を捕らえて生き血を吸う「濡れ女」と呼ばれる人面蛇身の物《もの》の怪《け》の伝承がある。

その伝承によれば、「この深山には信濃川が流れ、人があまり来ないので、魚がたくさん獲れ、しかも川の両側には柳の古木が多く繁茂していて、村の若者たちは、この柳の若枝を切り落として柳行李《やなぎごうり》を編むことを内職にもしていた。文政二年（一八一九）の夏のことである。五、六人の若者が舟でそこに行き、竿の先につけた鎌で柳の枝を掻き落としていた。その間に舟は流されて三叉のところまで来ると、その向こうで誰か長い髪を洗っている気配がするので、よく見ると美しい女の顔が水面から現れた。若者たちがびっくりすると女の口がみるみる大きくなり、真っ赤な舌がひらひらと伸びてきて、あっという間に若者たちにからみつき、たちまちくわえて、血を吸い始めた」という。

この濡れ女の話は出雲国（島根県）や九州の筑紫地方にもあり、濡れ女は海に棲んでいて、漁をしている舟に這い上がって、若い漁師を襲って巻き締めて、生血を吸い、骨と皮にしてしまうというものである。この人の血を吸うという海の妖女は、「磯媛《いそひめ》」「海女子《うみおなご》」「海女房《うみにょうぼう》」とも呼ばれている。ここで面白いのは、被害者が若者ということである。精神医学的には蛇は男性の象徴ともいえるが、女蛇はその逆といえるか。

濡れ女。鳥山石燕『百鬼夜行』

濡れ女。『化物絵巻』（＊）

来《き》つ寝《ね》（狐）人妻《ひとづま》となり子を育てる

現在では、北海道のキタキツネなどを除くと、野生の狐はなかなか見ることができなくなってしまったが、かつては里人にとっては、狸と同様に身近に出没する動物であった。熊などのように大きな動物でなく、人もあまり危険視しなかったので、人間との接触も多く、説話も多い。狐の説話は大きく二種類あり、第一は、狐が女性に化けて人と結婚し、子どもを生み、やがて正体が発覚して消えていく。一方、狐の生んだ子は優れた能力の子として育つという話。第二は、狐が女性に化けて男と睦んで、男の精気を吸い取る話である。

第一に、『日本霊異記』（上）に「狐を妻として子を生ま令むる縁」の話があるのであらすじを次に示す。

「欽明天皇（在位五三九・五三一～七一年）の御代に、関東の男が野中で美しい女に逢った。男は恋慕の情を起して連れて帰り夫婦となった。やがて男の子が生まれた。ところがこの家の犬は、男の妻を見ると猛烈に吠えるので、恐ろしくなった妻は犬を殺すように頼んだが、夫は殺さなかった。あるとき犬が家の中に入ってきた。すると妻は恐怖のあまり本性を現して狐となり生垣の上に登った。夫は驚いたが、子どもまでつくった仲で未練もあり、狐に〈おれはお前を思い切ってはいないから、いつでも来て寝よ〉といった。その後も狐は折々来て寝たので〈来つ寝〉というようになった。その子は長じて剛力の男として有名になった」という。これは狐の語源の話でもある。

さらによく知られた話は、安倍保名《あべのやすな》と信太杜《しのだのもり》の狐との間に生まれた安倍清明《あべのせいめい》（平安中期の代表的な陰陽家）

の話である。この話は、『泉州信太白狐伝』や浄瑠璃『葛の葉』など多くの作品として伝えられている。安倍保名が葛の葉姫（狐）と交婚し、葛の葉姫は生まれた子に本態を見られて、障子に「恋しくば尋ね来て見よ和泉なる信太の森の恨み葛の葉」という歌を書き残して立ち去ったという話である。

第二の例として、松浦静山の『甲子夜話《かっしやわ》』（巻十三の十二）の話がある。

来つ寝。犬に正体を見破られて屋根に逃げる狐。『画本ふる鏡』

狐。『毛詩品物図攷』

「筑前博多の門徒宗の寺の住職の妻が病死し、住職が次第に憔悴していったので、檀家の人が強いてわけを聞くと、〈亡くなった妻が毎夜現れて共寝をする。自分は亡妻の供養と思い要求に応じている〉という。これは亡くなった妻を忘れられない心に乗じて、狐が住職の精気を吸い取ろうとしているに違いないと、武士に頼んで亡妻の現れる所に狐の好きな香をまぜた毒薬を置いたところ、亡妻は大老狐の姿となって死んでいた」という話である。

狐火《きつねび》の怪《かい》

江戸時代に、郊外の王子稲荷を祀る原には、毎年大晦日に江戸中の狐が集まり無数の火がチラつくので、これを狐火といった。『江戸名所図会』には「装束畠、衣裳榎《えのき》　毎歳十二月晦日の夜、諸方の狐夥《おびただ》しくここに集まり来《きた》ること恒例にして、今にしかり。その灯《とも》せる火影《ほかげ》に依て、土民明くる年の豊凶をト《うらな》ふとぞ。このこと宵にあり、また暁にありて、時刻定まることなし」とある。これに限らず冬になると、山野で同様の現象がよく起きたという。そのため、当時の人々は狐がなぜ火を灯すのか、どうやって発火させるのか不思議に思っていた。狐は人を誑《たぶら》かしたり、人間などに化ける霊能力を持っているくらいだから、発火現象を起こすのは容易であろうが、その方法については興味深く、さまざまに推理がなされた。

貝原益軒の『大和本草』では、「(狐が)其の口気を吹けば火の如し。狐火と云」とし、谷川士清の『倭訓栞』には「狐火は其の口気を吐くといへり。或は撃尾出火とも書けり。其の火青く燃ゆといえり。鬼燐也」とある。また、僧行誉の『塵添壒嚢鈔』には「狐火を蠎火《つくね》と云ふ事あり。此の蠎の字に馬の血の心あり。此れを以て世俗に狐火とは馬の骨を燃すなんど申すにや」とあるが実際のところは不明であった。今日では空気中の燐化水素が燃える状態とされている。いずれにしろ、実際に見られる現象であったので、往時の人々は狐の不思議な霊力の仕業と思っていたのである。

江戸の『万代狂歌集』(四・冬)には、「大つごもりの夜、狐火を見にとて王子へゆく人のあれば」の前文で「掛取りに尻尾をだにも出さじとや逃げて王子の狐火と見る」とあり、川柳には、「狐火の折々《おりおり》野路をほころばし」（誹風柳多留二一・二）、俳句には「宵闇や狐火に寄《よる》虫の声」（正秀）、「狐火や五助畠の麦の雨」（蕪村）、昭和にも「狐火や風雨の芒はしりゐる」（杉田久女）の句などがある。

狐火。李冠充賢『怪物画本』

王子稲荷の狐火。『江戸名所図会』

化《ば》け狸《たぬき》と化け狢《むじな》は同じ穴の狢？

狢《むじな》（貉）は穴熊の異称であるが、江戸時代までは、狸と狢（貉）はしばしば混同、同一視されていた。物《もの》の怪《け》としての狸譚は、なんといってもお伽噺の分福茶釜《ぶんぶくちゃがま》で有名な茂林寺（群馬県館林市にある曹洞宗の寺）の説話である。この話は菊岡沾涼の『本朝俗諺志』に収録されているので、そのあらすじを紹介しょう。

「元禄の頃、茂林寺に守鶴という僧がいた。大変長生きの僧で、七代の住職に仕え、納所《なっしょ》（会計などの寺務）を勤め、後輩の僧の指導では学頭となるほどの碩学《せきがく》で、衆僧の信頼と尊敬を集めていた。ある時、その守鶴が昼寝をしていたところに小僧が襖《ふすま》をあけたところ、守鶴はうっかりして狸の本態をあらわして寝ていたので、小僧はびっくりして、そのことを住職に知らせた。住職は守鶴が狸と知っていたので、小僧に口外をしないように口止めしたが、いつしか衆僧の知るところとなり、守鶴は暇乞いを申し出た。住職は慰留をしたが、狸が人を教化したという噂が立っては寺の面目にかかわるといって固辞《こじ》した。そして、衆僧を集め、別れにあたって、最後に自分の術で源平合戦の有様を見せようといって庭に降り立った。するとたちまちそこは讃岐国（香川県）屋嶋の景色に変わり、海上に白旗や赤旗を立てた軍船が漕ぎ乱れ、矢が飛び、太刀が打ち舞い、凄まじい船軍の場となったので、衆僧たちはその術に驚嘆した。住職がそこで守鶴に向かって、名残惜しいが最後の願いに釈迦牟尼《むに》仏生前の様子を見せてくれと頼むと、その場はたちまち異国の風景に変わり、霊鷲山での釈迦の説法から沙羅双樹《さらそうじゅ》のもとでの入滅までの有様が現出した。そして衆僧たちが皆随喜

和尚に化けた狸。月岡芳年画

狸坊。李冠充賢『怪物画本』。同じ図を鳥山石燕の『百鬼夜行』では狢としている。

の涙を流していると、元の庭の風景に戻り、守鶴の姿は消えていた」という話である。狸も狐と同様、里によく出没する動物であり、多くの説話があるが、僧と関係するものが多いようである。狸は狐と違ってその姿がひょうきんなためか、捕らえられて狸汁にされたりする。人に危害を与えるというより、人間の被害者としての物《もの》の怪《け》かも知れない。

さて、狢であるが、『日本書紀』（巻二十二）「推古天皇三十五年」の条に「春二月陸奥国有レ狢化レ人以歌之」と、狢が人に化けて歌を歌《うた》ったとある。『和漢三才図会』（巻三十八）では、狢は山野に棲んでいて狸のようである。…昼は睡っていて夜出没し虫などを食う。灌という似た動物と行動を共にし」とある。一見別にみえても実は同類であるという「同じ穴の狢」という諺があるが、「同じ穴の狸」ともいう。昔の人たちは、化け狸も化け狢も同じ、人を誑《たぶら》かす物の怪としたのである。

謎《なぞ》の斬付《きりつけ》け魔《ま》「鎌鼬《かまいたち》」とは？

突然風が吹いたかと思うと、物に触れたり、当たったりした感覚もないのに、皮膚に鎌で切ったような傷ができている。しかも手足が刀で斬ったように、不意に縦または横に鮮やかに切れてしまうが、骨まで達することはなく、血がたくさん出ることもない。これが鎌鼬の仕業とされた。とくに信越地方に多く、越後七不思議の一つとされた。鎌鼬の仕業であるかは別として、実際にこのような現象は数多くあった。今日では、局所的な気候の変動で、空気中の一部が真空的な状態となり、人体がそれに触れると皮膚の一部が損傷を受けるもので、旋風《つむじかぜ》が起きたときによく起こる現象だとされている。しかし、科学的な説明がつかない昔では、鼬の妖怪の仕業とされたのである。

江戸後期の本草学者の小野蘭山の『本草啓蒙』には次のように記されている。「越後高田海辺にて、行人曲阿の処を過ぐるに、忽ち砂高く吹上がりて、下より気出づるが如く覚ゆれば、その人これに射られて卒倒し、省られざること傷寒の如し。病人の身に必ず偃月《えんげつ》形の傷あり。故にかまきりむしといひ、或いはあかむしといひ、或いはすないたといふ。越後七奇中の鎌鼬も皆同様なり。このこと越後に限らず他国にもあり」。また、谷川士清の国語辞書『和訓栞』には、「奥州越後信濃の地方に、旋風《つむじかぜ》の如くおとづれ人を傷す。よって鎌風と名づく。そのこと厳寒の時にあって、陰毒の気なり。西土にいふ鬼弾《きだん》の類なりといへり」とある。これはかなり科学的に書かれている。

鎌鼬。鳥山石燕『百鬼夜行』

伴蒿蹊の『閑田次筆』（巻一）には「俗にかまいたちといふは、…此筋にあたるものは刃をもって裂たるごとく疵つく。はやく治せざれば死にも及ぶとなん。これは上方にてはなきことなりと思ひしに、今子《ね》の年（文化元年頃）予が相識の人の下婢、わづかの庭の間にて、ゆえなくうち倒れたり。さてさまざまに抱へたすけて正気に復して後見れば、頬のわたり刀もて切たるごとく疵付しとなん。即これなるべし」とある。

猫股《ねこまた》と化《ば》け猫、山猫の怪！

猫は身近な愛玩動物だけに、物《もの》の怪《け》と化した猫には不気味なものがある。猫股というのは、猫が年老いて尾が二つにわかれた妖怪である。藤原定家の『明月記』天福元年（一二三三）八月二日の条に、「南都云、猫股獣出来、一夜噉二七八人一死者多」とあり、鎌倉時代にはすでにこの妖怪がいたようである。また、兼好法師の『徒然草』（第八十九段）に「奥山に、猫またといふものありて、人を食《くら》ふなる」…「山ならねども、これらにも、猫の経《へ》上《あが》りて（猫が年を重ねて）、猫またに成て、人とる事はあなるものを」とある。猫股の説話は多いので、江戸後期の三好想山の『想山著聞奇集』にある話のあらすじを紹介しよう。

「上野国で屋根葺を生業とする男がいて、老母と暮らしていたが、大変親孝行で、酒好きの母親に毎晩二合ずつ酒を飲ませていた。ところが母親が急に残忍な振るまいをするようになってきた。そこで仲間を呼んで酒盛りをしたところ、母親も大酒して寝てしまった。そして寝ている母親を見ると、気がゆるんだと見えて猫股の本態を現していたので捕らえ、代官所に届けたが、勝手に処分せよということになったので、その猫股を殺して埋め、祟りがないように石碑をたてて猫俣塚と称した」とある。

次は老猫が老婆に化ける話である。根岸鎮衛《やすもり》の随筆『耳袋』（巻二）にある話のあらすじを次に記す。

「俗間の話では、年劫を経た猫は老婆を食い殺して老婆になり変わるという話がある。ある所の武士の母親が急に残酷な振るまいが多くなったので、これは化け猫が成り変わったものと気が付いて、母親を殺害したところ、死骸はやはり母親のままであった。その武士は親殺しの大罪を犯したことに驚き、切腹しようと友人に見届け人を頼むと、友人が今暫《しばら》く様子を見ろと止めたので、母親の死骸を見守っていると、やがてそれは老猫の死骸に変わっていた」という話である。

同じ『耳袋』（巻二）に

「江戸駒込のさる組の同心の母が鰯売りを呼び入れて金を見せ、その鰯を全部買うから値段を安くしろと言った。鰯売りはそんな端金《はしたがね》で全部の鰯は売れぬと押し問答をしているうちに、母親の顔は見る見る口が大

猫股。鳥山石燕『百鬼夜行』

大酒して正体を現した化け猫。（＊）

きく裂け、耳が頭の上に立ち、目はランランとして凄い猫の形相になったので、鰯売りはびっくりして荷を置いたまま逃げ去った。丁度非番で昼寝をしていた息子の同心が目をさまして母親を見ると、恐ろしい鬼の顔の猫であった。さては猫が母を喰い殺して、いままで母の姿となって俺をたばかっていたのかと、同心の息子はかっとなって母親を斬り殺してしまった。この騒ぎに隣近所の者が駆けつけてきていろいろと様子を見ていたが、いつまでたっても猫の正体を現さず母親の死骸のままであった。そのため同心は、過ちを犯したと思って自殺をしてしまった」という話がある。これは猫が母親に憑いた例であろう。

　さて、かつては猫は粗食で、衛生状態も良くなかったので、一般に五、六年の寿命であったが、なかには十五年から二十年も生きるものもいた。そのため野生化して年数を経た猫が大猫の妖猫と化す話もある。『甲子夜話』（巻二十の二十二項）には次のような話がある。

「中山備前守の領地常陸国（茨城県）太田の山の中で備前守が猟をしているとき、一人の男が真蒼になって慌てて駆け

化け猫が取り憑いた老婆に驚く鰯売り。（＊）

老婆に化けた猫。
十返舎一九『黄金菊花都路』
歌川国芳画

踊る猫。
二代目為永春水『北雪美談時代加賀美』歌川国貞画（＊）

踊る猫。
十返舎一九『黄金菊花都路』歌川国芳画（＊）

て来るので家臣が何事かと聞くと、山猫に追いかけられているという。ふと見ると犬よりも大きくて紫色の毛の猫が牙をむいて現れたので、備前守は火縄銃を構えて一発で撃ち殺した。かかる大猫は珍しいというので、家来に命じて屋敷に運ばせ、記念にと皮を剥いで、それで袖無羽織を作ったが、尾の部分は坐ると後ろに長く引いたという」

松浦静山が中山備前守（水戸家の家老）から直接に聞いた話というから、実話と考えてよいだろう。

ここまで、猫の物の怪について書いてきたが、これらの説話からも、「鬼の文化史」（六ページ）で述べたように、中国の『論衡』「訂鬼篇」にいう「鬼《き》者《は》老物《ろうぶつ》之《の》精《せい》也《なり》…」（年劫を経て老いたるものの精がついに不思議な霊力を持って鬼霊になる）の思想が延々として受け継がれていることがわかる。

さて次に、猫が妖怪視される要因をいくつかまとめたので次に記そう。

1、じっと物を見つめる習性があり、瞳が丸くなったり細くなったりして夜目が光ること。
2、音を立てずに近づいてくること。
3、身体がしなやかで、身長の何倍もの高さに飛び上がったり、飛び降りたりすることができること。
4、鋭い爪と鋭利な歯をもって、時には武器として使用すること。
5、無邪気で愛らしいと思われる反面、獰猛で敏捷であること。
6、人に馴れるが、人の強制に従わないこと。
7、人に飼われているという意識がなく、人と対等と思っていること。

兎を喰う化け猫。大海舎金龍『金花猫婆化生鋪』歌川貞秀画

処女の生贄《いけにえ》を要求する猿神と狒狒《ひひ》！

『今昔物語集』（巻二十六）「美作国神、依猟師謀止生贄語《れふしのはかりごとによりていけにへをとどめたること》　第七」に猿神が里人に処女の生贄《いけにえ》を要求する話がある。そのあらすじは次の通りである。

犬を猟に使っている男が美作国（岡山県北部）のある郷に行くと、美しい娘をもつ両親が嘆いているのに出会った。男がわけをきくと、この土地には中参《ちゅうさん》・高野《こうや》という神がいて、中参は猿、高野は蛇の姿をしている。毎年この神に処女を生贄に捧げないと村中に祟《たた》りがあり、今年はうちの娘が捧げられる番に当たっている。この非運を回避することができないので悲しんでいるという。そこで男は、俺が退治をしてやる、その代わり娘を嫁にくれるかというと両親は喜んで承諾した。…男は訓練した勇敢な犬二頭を選んで、それと一緒に長櫃《ながびつ》の中に入り、村人に担がれて山の神社に行った。村人たちは恐ろしいので早々に立ち去った。

真夜中になると、神社の後ろから大猿を中心に百匹ほどの猿が現れて長櫃を囲み蓋を開けた。と同時に、中から二匹の犬が飛び出して大猿に噛みつき、男も飛び出して大猿を捕らえ刀を咽喉元に突きつけ、「汝が多年多くの娘を殺してきたから、今度は汝が殺される番だ。汝がもし神だというなら俺を殺してみろ」と嚇かした。ちょうどその頃、宮司に神託《しんたく》があって「我は以後決して生贄を要求しないから助けてくれ」という声が聞えたので、宮司は急いで社前に駆けつけ、男に神託を告げて助命を頼んだ。男はやむなく「以後決して人に害をするな」と約束をさせて大猿たちを放した。そして男は美しい娘と結婚し、その家は末永く栄え

狒狒。山東京伝『本朝酔菩提全伝』歌川豊国画

た。

　これは犠牲要求とそれを退治する英雄譚で、八岐大蛇退治依頼のパターンを踏襲するものである。

　さて、「狒狒《ひひ》」であるが、岩見重太郎の狒狒退治も同様の物語である。狒狒はもともと日本にはいない生物である。これは『本草綱目』に玃《やまこ》が牡だけしか棲息しないので、人の女性をさらって犯すという記述があり、これに年劫を経た大猿のイメージを重ね合わせ、狒狒像をつくったと思われる。柳田国男も『妖怪談義』に「唯疑《ただうたがい》を容《い》れざる一事実は、近世各地で遭遇し乃至《ないし》は捕殺した猴《さる》に似て、これよりも遥かに大なる一種の動物を、人がヒヒと呼んで居たということことだけである。…」と記している。

天皇と比叡山の僧侶を震え上がらせた頼豪鼠《らいごうねずみ》

『平家物語』（巻三）「頼豪」や『源平盛衰記』、さらには馬琴の『頼豪阿闍梨怪鼠伝《あじゃりかいそでん》』に、頼豪阿闍梨が白河天皇の中宮の賢子の皇子降誕を祈祷して皇子の誕生を実現させ、その恩賞に園城寺（三井寺）に戒壇院を建立することを願いでたが、延暦寺の反対で許されなかったため、自ら怨死して怪鼠となり、延暦寺の経巻を食い破ったという話がある。そのあらすじは次の通りである。（文中の「」内は『平家物語』による）

天皇に「汝此后《このきさき》の腹に、皇子《わうじ》御誕生《ごたんじやう》祈《いのり》申せ。御願成就《ごぐわんじやうじゆ》せば、勧賞《けんじやう》はこ（乞）ふによるべし」といわれ、見事に皇子を誕生させた頼豪阿闍梨は、三井寺に戒壇院を建立して欲しいと申し出た。ところが天皇は「今汝が所望達《しよまうたつ》せば、山門（比叡山が）いきどほ（っ）て世上しづかなるべからず。両門合戦して、天台の仏法ほろびなんず」といって許可をしなかった。頼豪は「天子には戯《たはぶれ》の詞《ことば》なし、綸言《りんげん》汗の如しとこそ承《うけたまは》れ。是程の所望かなはざらむにをいては、わが祈りだしたる皇子なれば、取奉《とりたてまつり》て魔道へこそゆかんずらめ」と言い残し、断食をして死ぬ。やがて皇子は四歳で死亡し、今度は比叡山の良信大僧正が命じられて皇子誕生の祈祷がなされ、皇子（後の堀河天皇）が生まれた。

頼豪の怨みは深く、ついには大鼠と化し、鉄の牙をもつ八万四千の鼠を指揮して比叡山の経典を食い破り始めた。比叡山の山門方はこれを見て震え上がり、宝倉を建立して頼豪を祀って鎮めた。そして、この宝倉を鼠禿倉《ねずみのほこら》と名付けたという。

頼豪鼠。滝沢馬琴『頼豪阿闍梨怪鼠伝』葛飾北斎画

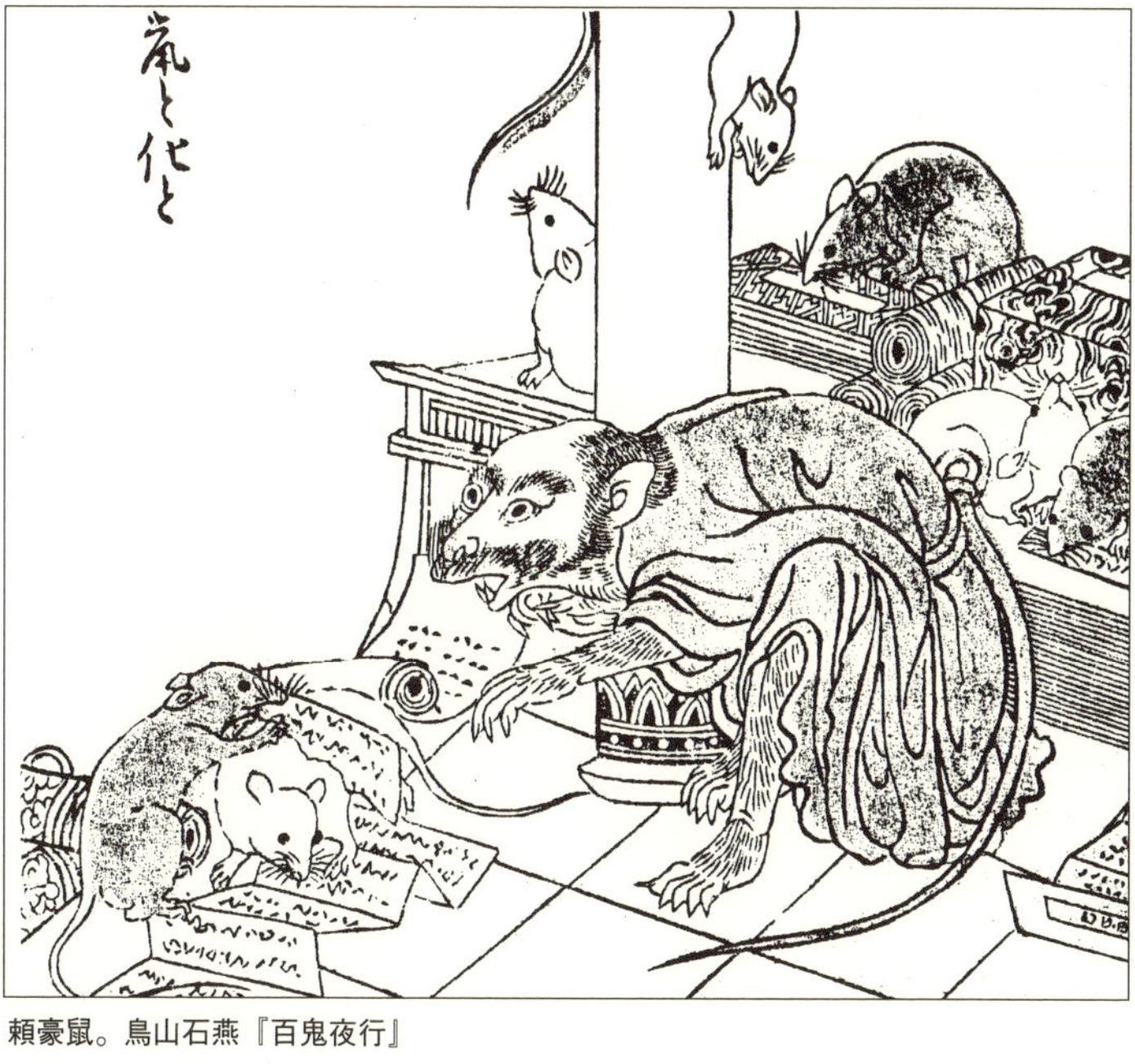

頼豪鼠。鳥山石燕『百鬼夜行』

「ももんぐわあ」「しょうけら」「がごうじ」の正体は？

まだ子どもが着物を常服としていた大正時代頃、羽織を被って臂《ひじ》を広げて顔を見せないようにして「ももんぐわあ」といって子どもを驚かす遊びがあった。最初から種明かしであるが、この恰好はムササビ（鼯鼠）が肉翼を広げて飛翔するさまを示したものである。ムササビは夜行性であり、森などを人が灯を持って歩いていると、自分の縄張りを荒らされないようにするため、物凄い速さで飛翔して灯を消してしまうことがある。とくに江戸時代は、暗夜を行くのに提灯や炬松《たいまつ》を持って歩いたので、闇夜から目に見えない速さで灯火を消されることは、かなりの恐怖であったことは想像に難くない。このことからくすぶっている煙を食うと思われ、また、獣でありながら鳥のごとく空を飛ぶことも加わって妖怪視された。「ももんぐわあ」の「も」はムササビの古名。「ぐわあ」はムササビの鳴き声を表したものという。また、ムササビが飛翔するときに広げる手足の間の皮膜はちょうど寝具の蒲団を広げたようであることから「野衾《のぶすま》」の異名も付けられている。『倭名類聚鈔』では、「猿に似た顔をして手と脚の間に翼状の肉膜があり、また蝙蝠《こうもり》にも似ている。よく樹の高い所から低い方に滑空するが、低い所から高い所には飛行しない。いつも炬松などの火や煙を食って、その鳴声は小児が叫ぶようである」と解説している。

次に「しょうけら」であるが、『春日権現霊験記』に、疫病の鬼が屋根から家の中を覗いている図がある。一般の人には見えないが、妖怪が常に家屋の中をうかがって付け入ろうとしているという俗信があった。左図は鳥山石燕の描くしょうけらであるが、この妖怪もそのような部類のものと考えてよいだろう。この妖怪の怖さは、気配があっても一般の人には見えないという怖さである。

最後の「がごうじ」であるが、「がごぜ」ともいい、漢字で「元興寺」と書く。この妖怪は『俚言集覧』に「元興寺、小児をオドス詞…奈良の元興寺の面のまねをして子供をおどす也」とあり、鬼の真似をして小児を威す妖怪である。獣的ではないがここに収録する。祭りなどで親が鬼の面を被って子どもを驚かすのもこの手であろう。名前の由来は、元興寺の鐘楼に鬼がいたという伝説によるため寺名が妖怪名になったもの。

ももんぐわあ。葛飾北斎画

しょうけら。鳥山石燕『百鬼夜行』

がごうじ。鳥山石燕『百鬼夜行』

合成怪鳥「鵼《ぬえ》」天皇を苦しめる

あいまいな態度や表現、正体不明の人物など、一向にその本質が把握できないことに対して「まるで鵼のようだ」というが、これは日本人が作りだした奇妙な怪鳥である。『平家物語』（巻四）「鵼」の説話がその発端のようである。そのあらすじは次の通りである。

近衛院の御代に、「主上よな〳〵おびへたまぎらせ給ふ事ありけり」とあり、毎夜丑の刻（午前二時）になると、「東三条《とう》の森の方より、黒雲一村立来《むらたちき》て御殿の上におほへば、かならずおびへさせ給ひけり」と天皇はそのたびに怯えたので、かつて堀河天皇の御代に源義家が、鳴弦（弓に矢を番《つが》えないで空打《から》ちして、その音で魔除けをする行為）をして物《もの》の怪《け》を退散させたことがあるということで、今回は源頼政が召された。頼政が参内して待機していると、南殿の屋根の上の黒雲に怪しい物影を見て、これをめがけて矢を放った。すると怪物が凄まじい音を立てて屋根から庭に転げ落ちてきた。それを見ると「かしらは猿、むくろは狸、尾はくちなは（蛇）、手足は虎の姿なり。なく声鵼にぞにたりける」という、まさに合成怪物であった。

これには、声が鵼に似ているということで、姿形が鵼とは書いていないが、この描写が、鵼の具体的な形状として後世に伝わったと思われる。この鳥は『古事記』にも登場するが、具体的形状の記述はなく、鳴き声のみである。『類聚名義抄』は別字ではあるが「鵺《ぬえ》」をツグミ（鶇）と比定している。虎鶇《とらつぐみ》は夜または曇天の時にさびしい鳴き声をだすので、不吉な予感を起こさせる鳥として認識されていたようである。

鵼。鳥山石燕『百鬼夜行』
図中には「鵼は深山にすめる化鳥なり。源三位頼政、頭は猿、足手は虎、尾はくちなはのごとき異物を射おとせしに、なく声の鵼に似たればとてぬえと名づけしならん」とある。

「いつまでも」と鳴く怪鳥・以津真天《いつまで》

前項に続いて『太平記』（巻十二）「広有射怪鳥事」に奇妙な怪鳥が出てくるのであらすじを紹介しよう。

「元弘三年（一三三三）七月改元されて建武と定めた（史実では翌元弘四年正月晦日改元で建武元年となる）が、その年の秋に紫宸殿《ししんでん》の屋根に、夜になると怪鳥が現れて〈いつまでも、いつまでも〉と鳴くので皆不吉に思い、公卿たちが評議して誰かに退治させようとした。かつて源義家が鳴弦《めいげん》（弓に矢を番《つが》えないで空《から》打《う》ちして、その音で魔除けをする行為）したり、源頼政が鵺《ぬえ》を退治した例にならって、弓の名人にこれを射落とさせることになり、隠岐次郎左衛門広有が指名された。

八月十七日月明の夜に例のごとく大内山の方から黒雲が湧いて紫宸殿の上にかかったかと思うと、怪鳥が現れて〈いつまでも、いつまでも〉と鳴いた。その鳥は口から火焔を吐き、稲光がする凄さであった。広有は鏑《かぶら》矢《や》を弓に番えたが、何を思ったのか雁股《かりまた》（先が叉《また》の形に開き、その内側に刃のある鏃《やじり》）だけを抜き去り、鏑矢だけで狙いを定めて射った。すると大音響とともに怪鳥が落下し、居並ぶ文武百官は感嘆した。この怪鳥を松明のあかりでよく見ると、首は人のようで身体は蛇、嘴《くちばし》は曲がり、歯並びは食い違って生えており、脚の毛爪は剣のように鋭かった。両の翅《はね》を広げると五メートル以上もあった」とある。戦乱の世では、放置された死体を烏などが啄《つい》ばむことも珍しくなかったであろうことを考えると、このような怪鳥が人の生死にかかわる不吉な予兆を示す存在として想像されたとしても不思議ではない。

怪鳥・以津真天《いつまで》。鳥山石燕『百鬼夜行』

隠岐次郎左衛門広有、火焔を吐く化鳥退治の図。六段本『楠軍記』(巻四)

蟇《がま》妖怪の超能力

蟇《がま》はヒキガエル（蟾蜍）のことをいい、「ひき」とも読む。この蟇は外見が見るからに妖怪じみているので、古くから怪しい両生類と思われていた。中国でも蟇には霊力があるとされ、古代中国晋の葛洪《かっこう》の『枹朴《ほうぼく》子《し》』には、「蟾蜍は千年も生きると頭の上に角を生じ、腹の下が赤くなる。これを肉芝といっている。よく山の霊気を食して霊力を貯えているので、そうした蟾蜍を人が捕らえて食えば、仙人になることができる。幻術を行うものはこうして霧を起こしたり、雨を降らしたりする超能力を行って、敵をしりぞけ、束縛から解放されて自由自在の行動をとることができる」とある。

この仙人が蝦蟇《がま》仙人《せんにん》などにあたる。こうした蟾蜍についての認識が日本にも伝わっており、『和漢三才図会』には次のように記されている。

「考えるに蟾蜍とは特異な霊能力をもつものである。私があるとき試しに蟾蜍を捕らえて地上に置き桶で覆って、桶がはねのけられないように重石で押さえておいたところ、翌日桶をとって見たら蟾蜍はどこに消えたのか全く姿が見えなかった。実に不思議な能力をもつ生物である。また、蟾蜍は海に入ってメバル（眼張）という魚になるといわれるが、メバルに半分変化したものは往々見るところである」

この蟾蜍の隠遁の術は、読本や演劇などに取り入れられ、蟇の妖術として定着している。この妖的能力については、江戸時代の随筆集の『耳袋』（根岸鎮衛）巻四に、

「ある家に住んでいる人が、次第に精気を失い原因不明の衰弱病になったが、庭先に来た雀が椽《たるき》の下に吸い込まれて行くのを不審に思って注意していると、庭先を通る猫や鼬《いたち》まで吸い込まれている。そこで人を頼んで屋内の床板をはがして床下を調べさせると、少し凹《くぼ》んだ所に大きな蟇がいて、そのまわりにいろいろな動物の骨や毛が散乱していた。この大蟇が動物を食ったり、人間の精気を吸っていたことがわかり、大蟇を殺して捨てたところ、その家の病人が直ったという」という話がある。

また、蟾蜍がメバルになるという荒唐無稽なことはかなり信じられたと見えて、『甲子夜話』（巻七十六の十二）にも「メバルの類…蟾蜍変じてこの魚となる。…蟾蜍の前二足、魚の前鰭となり、後足合寄りて魚尾となると、成ほど蟾蜍は頭大にして巨口、黒色なるものなり、彼魚と化する由なきに非ず」とある。

さらに、蟾蜍は「蟾酥《せんそ》」という霊能薬を分泌する動物ともされた。『和漢三才図会』に「蟾酥は蟾蜍の眉間から出る白い汁から作ったもので、その汁が目に入ったりすると目は赤く腫れて盲目になってしまうほど毒性が強い。…これを油紙か桑の葉に置き、乾燥させて保存する」とあるように、強心剤などの漢方薬に用いられている。

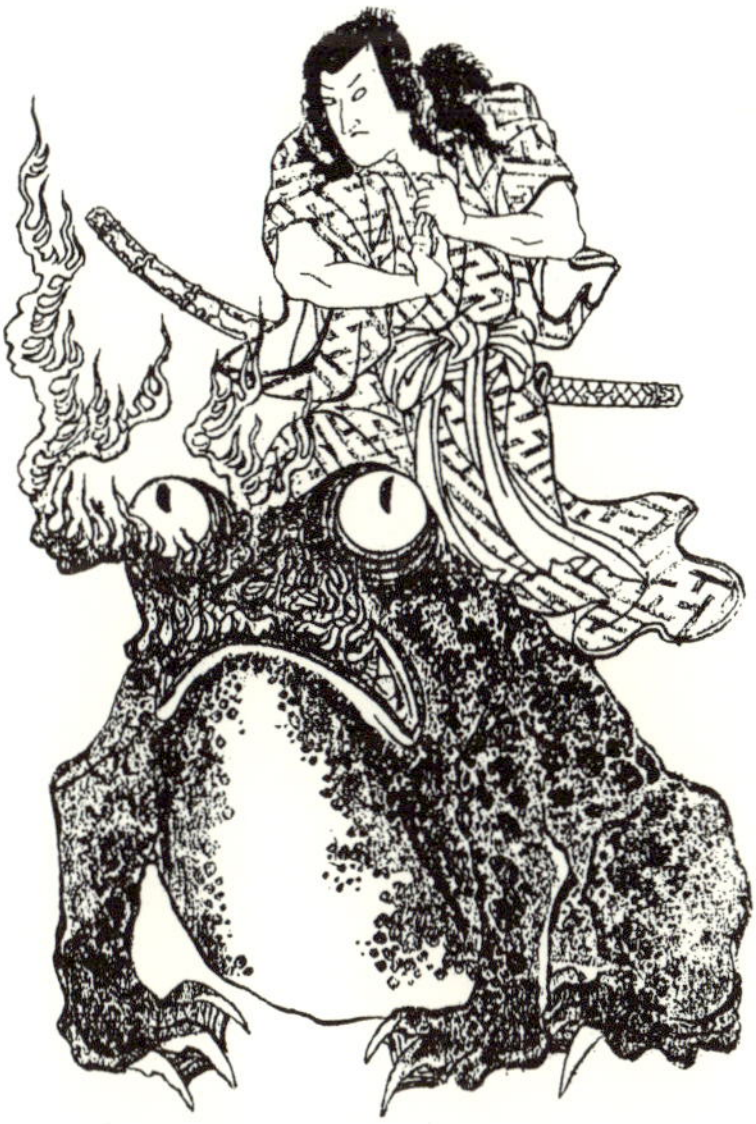

蟇の妖怪。歌川豊国画

大《おお》蜈蚣《むかで》は大蛇の天敵だった！

蜈蚣《むかで》は「百足」とも書くように、多数の足をもつ節足動物であり、人間にとっては醜悪な体形で、しかも噛まれると毒で腫れたりすることから忌み嫌われ、怪物的な妖怪として表現されてきた。またこの蜈蚣は、中国からの伝承で、龍や蛇の天敵とされてきた。明の時代の随筆集『五雑俎《ござっそ》』には「蜈蚣一尺以上則能飛龍畏レ之故常為レ電撃一云龍欲レ取二其珠一也」とあり、こうした伝聞が日本にも伝わり、「蜈蚣は大蛇を見ると毒気を吐いて蛇の脳眼を啖《く》う」と信じられてきたのである。蜈蚣の説話は俵藤太秀郷の蜈蚣退治など数多くあるが、ここでは『今昔物語集』（巻二十六）「加賀国諍蛇蜈嶋行人《かがのくにのじゃとむかでとあらそひししまにゆきしひと》、助蛇住嶋語《じゃをたすけてしまにすめること》　第九」に蜈蚣に苦しめられた大蛇を助ける話があるので、そのあらすじを紹介しよう。

「加賀の国の漁夫七人が海に出て暴風に遭って、ある島に漂着した。すると上品な身なりの若者が迎えにきて、風を吹かせてあなたがたをこの島に着けさせたのは自分で、この先の島の主がこの島を征服しようとしているが、とても勝ち目がないので助力をしてほしいという。漁夫たちは弓矢もあるので承諾した。その夜の暁方に、沖の方から二つの怪光が現れ、巨大な蜈蚣が近づいてきた。するとこちらの島側から大蛇が海に向かっていき、死闘を始めた。蜈蚣はたくさんの手足で攻めたてるので大蛇は不利であった。そこで七人の漁夫は弓矢で蜈蚣を射って、弱ったところを刀で斬って殺した。やがて傷ついた若者（大蛇）が現れて礼を述べ、島に住むことを希望したので、七人は国の妻子を引き連れこの島で平和に暮らした」という。

『太平記』で知られる秀郷蜈蚣退治の図。秀郷が琵琶湖の底にある竜宮の竜王の依頼で、竜宮を脅かす比良山に棲む大蜈蚣の退治をする。黒本『むかで山』鳥居清満画。

千葉道場の門人、大むかでを退治する。江戸時代の瓦版。図中には「日本一飛騨国大むかで、長サ一丈五尺、幅一尺八寸、目方二十八貫目」とある。

生き血《いち》を吸う巨大蜘蛛《くも》の怪奇譚！

蜘蛛も前項の蜈蚣《むかで》と同様に、姿形も怪奇で、粘着性のある糸で網を編み、自ら糸を吐きかけて動物を捕らえ、その生き血や体液のすべてをを吸い尽くし、その身を干からびさせてしまうことから、怪奇譚には相応しい物《もの》の怪《け》として登場する。『平家物語』（剣の巻）には源頼光の山蜘蛛話があるので一部を紹介しよう。

「頼光瘧《おこり》病を仕出し…頭痛く身熱く天にも不レ付地にも不レ付、中に浮れて被レ悩《なやまれ》けり」（頼光は瘧の病気で頭痛もひどく高熱で、身体が天にも地もついていないような感じとなり、このような苦しみが三十日余続いた）。そして快方に向かったころ、夜深いとき、七尺ほどの法師がするすると頼光に寄ってきたので、頼光は怪しんで膝丸（源氏重代の名剣）で斬り付けた。頼光の配下である四天王も駆け付け、「燭台の下を見ければ血こぼれたり。手に火を炬て見れば妻戸より簀子《すのこ》へ血洩《こぼれ》けり。此を追行程に北野の後に大なる塚あり。彼塚へ入たりければ即《すなはち》塚を掘崩して見《みる》程に四尺計《ばかり》なる山蜘蛛にてぞ有ける」。この山蜘蛛を退治したら頼光の病は一気に回復した。そして山蜘蛛を斬った名刀の膝丸は、これ以降「蜘蛛切丸」と呼ばれたという。

また、室町時代初期の作とされる『土蜘蛛双紙絵巻』では、年劫を経た蜘蛛が、美女や鬼面に表現されるようになり、とくに、江戸時代の読本では、美女に化けた蜘蛛の物の怪が登場し、その後を追っていくと、食べ尽くした人間の骸が数多く散乱しているという話が多く現れてくる。

大蜘蛛の妖怪。柳下亭種員『白縫譚』。三世歌川豊国画

土龍《どりゅう》の異名をもつ大蚯蚓《おおみみず》

蚯蚓《みみず》が妖怪となるというのも不思議であるが、目も耳も鼻も手足もなく、伸縮自在で口と肛門だけの環形動物の形象からか、妖怪視されたようである。また二つに切っても、それぞれが二匹となって生きることもある。確かに、このような不思議な生物が巨大になると妖怪といってよい迫力があるともいえる。往古の人々は、土中で年劫を経て大蚯蚓となり、風雨を呼び起し、山を崩したりすると考えたのである。「土龍《どりゅう》」や「地龍《じりゅう》」「赤龍《せきりゅう》」などの異名があるのも、その所以《ゆえん》といってよいのだろう。

『和漢三才図会』(巻五十四湿性類)には「人跡未踏の深い山には三メートル(現在の単位で)以上にも及ぶ大蚯蚓がいるものである。最近、丹波国(京都府の北西部)柏原遠坂村で大暴風雨があって山崩れしたときに、大蚯蚓が二匹出た。一つは約五メートル、一つは約三メートル以上であったので、これを見た人々は驚いた」とある。また、『本草綱目』には「蚯蚓は解熱に効くが、特殊な小毒があるからみだりに用いてはならない」と記してある。このほか、蚯蚓の性は「寒」であり、それは黄泉《あのよ》の水を飲んでいるからであり、故に蚯蚓を煎じて飲めば解熱の薬となるとも、蚯蚓をよく洗って酒と一緒に飲むと美声になるとの俗信もある。これは蚯蚓が土中でジーと鳴くと思われ(実際は鳴かない)、「歌女《うため》」の俗称もあるからである。

さらに最近まで信じられてきた俗信であるが、蚯蚓に小便をかけると子どもの陰茎が腫れるといわれ、これは蚯蚓が気を吐いたためと思われていた。小さい生物であるが、人間の想像力はたくましいものである。

天に飛翔する蚯蚓。『北斎漫画』。『和漢三才図会』には「朝鮮高麗国の太祖8年（925）に宮城の東方から大蚯蚓が出たが、その長さは現在の単位で23メートル以上もあった。これは隣の渤海国が来貢する前兆であったという」とある。

依拠参考文献

＊主な依拠参考文献を五〇音順に記した。

あ〜か行

『**吾妻鏡**』鎌倉後期成立の史書。五二巻。「東鑑」とも呼ばれる。

『**出雲国風土記**』出雲国九郡の風土・物産・伝承などを収録。七三三年（天平五）成る。

『**宇治拾遺物語**』十三世紀初め頃の説話集。作者不詳。

『**雨窓閑話**』一八四八～五四年（嘉永年間）に刊行された随筆。作者不詳。

『**善知安方忠義伝**』江戸後期の戯作者山東京伝作。

『**優曇華物語**』山東京伝作の読本。

『**江戸名所図会**』斎藤幸雄編、子の幸孝補修、長谷川雪旦画になる江戸地域の地誌。七巻二〇冊。

『**煙霞綺談**』西村白鳥の江戸中期の随筆集。

『**往生要集**』源信の著。九八五年（寛和一）成る。

『**於杉於玉・二身之仇討**』江戸後期の戯作者山東京伝作の読本。

『**御伽草子**』室町時代の教訓的で童話的な作品群の総称。作者は多く不詳。

『**鬼の研究**』馬場あき子、一九七一年。

『**怪談**』一八九〇年（明治二三）来日したラフカディオ・ハーン（小泉八雲）作の物語。

『**怪物輿論**』江戸後期の戯作者十返舎一九の読本。

『**餓鬼草紙**』飢餓に苦しむ餓鬼の姿を描いた一二世紀後半制作とされる絵巻。

『**甲子夜話**』肥前平戸の藩主松浦静山の随筆。大名・旗本や市井の逸話などの見聞を収録。

『**漢書**』後漢の班固の撰による前漢の歴史を記した紀伝体の書。

『**閑田耕筆**』江戸後期の国学者で歌人の伴蒿蹊の随筆。四巻。一七九九年（寛政十一）成る。

『**源氏物語**』平安中期の紫式部の作になる長編物語。主人公光源氏を中心に宮廷生活の多彩な人間関係と平安中期の世相を描写。

『**源平盛衰記**』鎌倉時代から南北朝時代の成立とされる軍記物語。四八巻。

『**壺芦圃雑記**』江戸幕府の御広敷番頭の稲田喜蔵の聞書書。

『**古今著聞集**』橘成季撰による鎌倉時代の説話集。二〇巻三〇編。一二五四年（建長六）成る。

『**五雑俎**』中国明の謝肇淛の随筆。

『**古事記**』天武天皇の勅で稗田阿礼のまとめた帝紀などを元明天皇の勅により太安万侶が撰録した日本最古の歴史書。七一二年（和銅五）成る。

『**今昔物語集**』十二世紀前半の成立される日本最大の古代説話集。

さ～た行

『**西遊記**』江戸後期の医者・文人の橘南谿の紀行文。

『**更級日記**』菅原孝標の女の作。一〇二〇年（寛仁四）から一〇五八年（康平一）までの日記。

『**三教源流捜神大全**』中国清末の葉徳輝の翻刻本。

『**三代実録**』藤原時平・大蔵善行らの撰の六国史の一。五〇巻。

『**地獄草紙**』仏教経典に解説された地獄の種々相を描いた絵巻。本書には原家本地獄草紙（奈良国立博物館所蔵）を収録。

『**十訓抄**』六波羅二臈左衛門入道の撰述とされる説話集。一二五二年（建長四）成る。

『**沙石集**』無住道暁の仏教的説話集。一〇巻。一二七九～八三年（弘安二～六）成る。

『**拾遺和歌集**』花山法皇撰とされる勅撰和歌集。一〇〇五～七年（寛弘二～四）頃に成立。

『**続日本紀**』六国史一。藤原継縄・菅野真道らの撰。四〇巻。

『**諸国周遊奇談**』昌東舎真。江戸後期の奇談集。

『**新編武蔵風土記稿**』林述斎編。二六五巻。一八二八年（文政十一）成る。

『**随意録**』江戸中期の儒学者冢田虎（本名冢田大峯）の随筆集。

『**世事百談**』江戸後期の随筆家の山崎美成の書。

『**箋注倭名類聚鈔**』江戸後期の考証学者狩谷棭斎の書。

『**善庵随筆**』江戸時代後期の儒者朝川鼎（善庵）の随筆。

『**山海経**』伯益の著と伝えられる。戦国時代～秦・漢代の作。

『**仙境異聞**』復古神道を体系化した江戸後期の国学者平田篤胤の書。

『**想山著聞奇集**』江戸後期の三好想山の書。

『**捜神記**』東晋の干宝作の怪奇小説集。

『**大言海**』大槻文彦編による国語辞書。一九三二～三七年刊。

『**太平記**』南北朝時代五十余年間の争乱を描いた軍記物語。

『**中国歴史人物大図典〈神話伝説編〉**』瀧本弘之編著。遊子館。

『**徒然草**』鎌倉時代の兼好法師の随筆。枕草子と共にわが国随筆文学の双璧とされる。

『**遠野物語**』民俗学者柳田国男が岩手県南東部の遠野の民間伝承を纏めた著作。

『**利根川図志**』赤松宗旦（義知）。一八五五年（安政二）刊。利根川沿岸の名所や風俗などを記述した地誌。

な～は行

『**長崎見聞録**』江戸時代の蘭方医の広川獬の書。一八〇〇年（寛政十二）刊。

『**日本書紀**』日本最古の勅撰の正史。七二〇年（養老四）舎人親王らの撰。

『**日本紀略**』神代から後一条天皇までの史実を編年体に記した史書。三四巻。

『**日本の鬼**』近藤喜博。

『**日本霊異記**』僧景戒撰になる平安初期の仏教説話集。

『**百鬼夜行**』江戸時代中期の浮世絵師鳥山石燕の妖怪画集。

『**平家物語**』平家一門の栄華と滅亡を描いた軍記物語。一二一九～四三年頃（承久～仁治年間）の成立とされる。

『**茅窓漫録**』江戸後期の茅原定の随筆。一八三三年（天保四）成る。

『**本草啓蒙**』江戸後期の本草学者小野蘭山の書。

『**本草綱目**』明の李時珍による中国の代表的な本草書。五二巻。

『**本朝語園**』一七〇六年（宝永三）刊。今昔物語集などの説話を採録。

『**本朝酔菩提全伝**』江戸後期の戯作者山東京伝作の読本。

『**本朝俗諺志**』江戸中期の俳人菊岡沾涼の書。

ま～わ行

『**松屋筆記**』江戸後期の国学者高田与清（小山田与清）の随筆。

『**漫遊記**』江戸中期の国学者の建部綾足の書。

『**耳袋**』江戸後期の奉行根岸鎮衛の随筆。

『**明月記**』藤原定家の一一八〇～一二三五年（治承四～嘉禎一）間の日記。

『**大和本草**』江戸前期の儒学者で本草学者の貝原益軒著になる和漢の本草一三六二種を収録した書。一八巻。

『**大和物語**』平安時代の伝説的な説話集。作者不詳。九五一年（天暦五）頃成立。

『**妖怪談義**』柳田国男。

『**謡曲・黒塚**』安達ヶ原黒塚の鬼女を題材にした能。

『**謡曲・鉄輪**』上方舞の一。一八世紀後半頃の成立とも。

『**謡曲・船弁慶**』観世信光作の能。

『**謡曲・山姥**』世阿弥時代の能。

『**謡曲・羅生（城）門**』観世信光作の能。源頼光の臣の渡辺綱が羅城門にすむ鬼神の片腕を斬り落とす話。

『**四方のあか**』江戸後期の狂歌師・戯作者大田南畝の随筆。

『**俚言集覧**』江戸時代の国語辞書。太田全斎が著したものに村田了阿、移山らが増補したものといわれる。

『**梁塵秘抄**』後白河法皇編著による今様歌謡集。

『**隣女唔言**』江戸時代末期の僧慈延の書。「陽明家目録」を所収。

『**六物新志**』江戸後期の蘭医大槻玄沢の書。六種の西欧の薬物を解説。

『**論衡**』後漢の王充撰。三〇巻

『**和漢三才図会**』寺島良安による図説百科事典。一〇五巻八一冊。一七一二年（正徳二）自序。

『**和訓栞**』谷川士清著の国語辞書。一七七七年（安永六）から一八八七年（明治二〇）にかけて刊行。

笹間良彦（ささま・よしひこ）

1916年東京生まれ。文学博士、日本甲冑武具歴史研究会会長。（主な著書）『日本の甲冑』『日本甲冑図鑑』上中下三巻『甲冑と名将』『日本甲冑名品集』『趣味の甲冑』『江戸幕府役職集成』『戦国武士事典』『武士道残酷物語』『日本の軍装』上下二巻『古武器の職人』『日本の名兜』上中下三巻『図解・日本甲冑事典』『甲冑鑑定必携』『歓喜天信仰と俗信』『弁才天信仰と俗信』（以上、雄山閣出版）、『真言密教立川流』『ダキニ天信仰と俗信』（以上、第一書房）、『日本甲冑大鑑』（五月書房）、『図説・日本武道辞典』『図説・江戸町奉行所事典』『日本甲冑大図鑑』『図録・日本の甲冑武具事典』『資料・日本歴史図録』『図説・日本未確認生物事典』『図説・世界未確認生物事典』『図説・日本戦陣作法事典』（以上、柏書房）、『絵解き・江戸っ子語大辞典』『大江戸復元図鑑〈武士編〉〈庶民編〉』『日本こどものあそび大図鑑』、『絵で見て納得！時代劇のウソ・ホント』（以上、遊子館）他多数。

遊子館歴史選書 2

絵で見て不思議！
鬼とものののけの文化史
2005年11月21日　第1刷発行

著　者　笹間良彦
編　集　瓜坊　進（編集著作）
発行者　遠藤　茂
発行所　株式会社 遊子館
107-0062　東京都港区南青山1-4-2 八並ビル4F
電話 03-3408-2286　FAX.03-3408-2180
印　刷　平河工業社
製　本　協栄製本株式会社
装　幀　中村豪志
定　価　カバー表示

ISBN4-946525-76-9 C0002